CORAÇÕES CURADOS PARA AMAR

Editora Nova Fronteira Participações S.A.
Rua Nova Jerusalém, 345 - Bonsucesso - 21042-235
Rio de Janeiro - RJ - Brasil
Tel.: (21) 3882-8200 - Fax: (21)3882-8212/8313

G26c

Gean, Medeiros

Corações curados para amar : Como encontrar respostas para os seus problemas por meio da Direção Espiritual / Gean Medeiros - 1. ed. - Rio de Janeiro : Petra, 2015.

128 p. ; 21 cm.

ISBN 978.85.827.8019-0

1. Catolicismo 2. Igreja Católica. 3. Cristianismo. I. Título.

15-26152 CDD: 282.09

CDU: 282

Pe. GEAN MEDEIROS

CORAÇÕES CURADOS PARA AMAR

Como encontrar respostas para os seus problemas por meio da Direção Espiritual

petra

Pelo sinal da Santa Cruz,
livrai-nos Deus, nosso Senhor,
dos nossos inimigos.
...Em nome do Pai,
e do Filho,
e do Espírito Santo...

Amém!

Sumário

Prefácio

Após alguns anos de experiência vivenciada no confessionário, da acolhida e da escuta de incontáveis confissões e direcionamentos espirituais, chega até nós este trabalho, que nada mais nada menos é do que a rica partilha desta experiência do ministério sacerdotal do Padre Gean Medeiros por meio da Direção Espiritual.

Quando pensamos em nosso povo e o vemos aquebrantado, perdido em meio à problemática da vida atual, e ouvimos apelos como "Padre, eu não sei mais o que fazer!"; "Padre, estou a ponto de desistir da vida"; "Padre, a minha família está se destruindo, o meu casamento está acabando"; "Padre, a minha fé está indo embora"; e, sobretudo, "Padre me ajude!", vemos, ou mais que isso, sentimos, a exemplo do Bom Pastor, a necessidade da acolhida, do ouvir, de fazer o ser humano sentir em sua vida o Amor de Deus.

Sensível a essa realidade, o Padre Gean Medeiros muito tem se dedicado a essa pastoral e, com sua experiência, na força do Espírito Santo, foram muitas as almas restauradas, as famílias reconciliadas e as conversões sinceras.

Evidentemente, este livro não nos vem com a pretensão de ser um "Tratado Teológico", e sim uma contribuição, fruto do amor de um jovem sacerdote ao seu ministério e ao povo de Deus. Que as experiências aqui partilhadas nos levem a entender a beleza e a necessidade de nos dedicarmos a este serviço ao povo de Deus.

Padre Gean, que Deus o abençoe pelo seu ministério e seu amor ao povo que Ele confiou a você.

Padre José Lúcio Emer
Pároco da Paróquia Santa Terezinha
do Menino Jesus Embu-Guaçu

Introdução

Somos muito caros para Deus. Vivemos em meio a vários contrários: somos dotados de uma inteligência que nos é própria, talentosíssimos, com um perfil que nos permite raciocinar sobre cada passo dado e, mesmo diante de todos esses e muitos outros tesouros, alimentamos algumas incertezas. Há, em algum lugar e momento da nossa caminhada, circunstâncias que nos fazem duvidar de muitas coisas: amizades verdadeiras, valores, princípios, afetos, sentimentos; e, sobretudo, negamos a nós mesmos.

Deus, porém, já nos escolheu e, apesar de todas as nossas limitações, antes de qualquer um, já acreditava em nossos dons para o cumprimento de suas promessas. Tudo o que temos e somos é gratuidade do Senhor. Diante de algumas limitações, nos privamos daquilo que, para determinado momento, é essencial. Nossas decisões e escolhas nos movem e determinam que tipo de estrada queremos percorrer. Nossa vida é nosso melhor e mais autêntico testemunho! Às vezes não temos a exata dimensão do nosso valor, mas esse reconhecimento nos é revelado à medida que o próprio Deus nos faz instrumentos de cura na vida do outro.

Sempre temos duas opções: a correta, ou seja, todas as ações, atitudes e gestos que nos aproximam de Deus; e a incorreta, que trata de qualquer coisa que nos afaste dEle. Quem sou eu? Quando assumimos certos questionamentos de ordem existencial, nos qualificamos frágeis, e isso é muito nobre, visto que é nesse momento que admitimos a necessidade de que alguém intervenha por nós. Seja num estado de intensa alegria ou tristeza, estamos vulneráveis a qualquer tipo de decisão e, infelizmente, nem sempre nos damos conta disso antes de nos equivocarmos. É sempre certo dizer e, na incerteza, considerar que nossos planos não são necessariamente os planos de Deus e que, por conta disso, precisamos de sabedoria para entender esses momentos de "dúvida". Minha fé pode ser consistente, mas é possível que minha dor me desestruture. O que fazer diante disso? A quem recorrer? Será que "sou humano demais" para entender que missão devo cumprir ou me falta coragem para assumir minha hereditariedade divina?

Somos filhos de Deus, e essa certeza já deve ser motivo suficiente para crermos que podemos e somos capazes. Por que então desacreditamos? Minha Igreja faz parte da minha fé, que faz parte da minha caminhada cristã, que, por sua vez, faz parte, de maneira concreta, da minha essência humana e santa. Há decisões que são incógnitas até para os mais esclarecidos. Precisamos reconhecer os tesouros que já trazemos e descobrir como lidar com tudo isso. Nossa eterna busca por paz circunda pistas que nos mostram de maneira bastante concreta quais são os sinais da nossa "vocação" e se já nos vemos em condições de segui-la.

Somos e devemos ser mediados! Essa relação recíproca nos alimenta com sabedoria para o entendimento necessário quanto ao que deve ser o princípio da discussão: quem sou eu para mim mesmo? Nem sempre nos conhecemos o suficiente, senão acreditaríamos mais e ousaríamos em proporção. Nosso valor e nossa motivação estão dirigidos pelo sentido que buscamos nesta vida. Quais são os meus dons em meio às minhas misérias? O meu "medo de mim" me limita e isso me impede de prosseguir.

O conhecimento nos liberta, a maturidade de nossa fé nos dá autonomia para buscar o que realmente nos falta. Nossa Igreja tem e nos oferece aquilo de que realmente precisamos e, muitas vezes, isso começa a resolver nossas incertezas. Não que elas não nos sejam necessárias, pois nos mobilizam a um estado de melhora e nos permitem descobrir quem nos habita. Trata-se de uma busca constante, e começamos a rumar em direção ao desconhecido muitas vezes também sem as certezas necessárias. Basta-nos ter alguém que cumpra esse papel de orientador, mas os caminhos são muitos, e eu, a cada dia, tenho o direito de errar menos: "Quando não sei aonde quero chegar, qualquer lugar serve." É nesse sentido que a Igreja, através do sacerdote, coloca à nossa disposição essa direção, sempre pautada na presença de Deus. Ela nos conduz espiritualmente. O diretor espiritual por excelência é o sacerdote. À luz da

Palavra, para que a Direção Espiritual cumpra seu papel, necessariamente, o preparo acadêmico, espiritual e emocional faz toda a diferença. Muitos talvez possam duvidar, mas diversas vezes descartamos a necessidade da ajuda, mesmo admitindo depender dela. Entre as muitas atribuições de um diretor espiritual, merece destaque sua vocação para despertar no dirigido seus dons, valores, riquezas e potenciais. O entendimento, em longo prazo, nos dará condições de perceber que isso não diminui nossas fraquezas ou limitações, mas coloca essa interpretação diante de nós sob outra ótica: sou mais "útil" do que pensava!

Dessa forma, resta-nos querer recomeçar com o melhor que já temos e que nem sempre percebemos! Cada retomada é reforço para um novo passo dado de maneira mais segura e, de todas as formas, segundo os passos de Deus e sempre com Ele. Estamos num constante trajeto rumo ao lar. Nossa casa espiritual é a própria morada de Deus. Diante do que somos e temos, somado ao nosso querer, caminhamos em direção ao Pai.

Irmãos e Irmãs,

Que a paz de Deus, nosso Pai,
o amor de Cristo
e a comunhão do Espírito Santo
estejam sempre convosco!

1. O testemunho de um sacerdote:

como nasce a Direção Espiritual?

Nunca podemos desconsiderar que é a vontade de Deus que prevalece, e dentro dessa compreensão nos permitimos crescer, sobretudo na fé, para que saibamos lidar com os santos mistérios. Muitos dos dons de Deus passam por nós de maneira despercebida por conta da nossa "imaturidade" ao lidar com eles. Quando acreditamos e aceitamos aquilo que vivemos, vivenciamos um verdadeiro testemunho do Evangelho de Cristo, bastando, pois, aceitar seus planos. Acredito que a Direção Espiritual no meu ministério nasceu a partir da minha experiência como seminarista, antes mesmo de me tornar padre, sacerdote.

Em 2000, ingressei no Seminário Propedêutico, Diocese de Campo Limpo. Na minha turma havia 18 jovens, e cada um buscava o discernimento sobre sua vocação — e é curioso que o seminário seja um tempo de descobertas e redescobertas. Ele tem a função de nos revelar a nós mesmos. Foi uma experiência bem interessante, tempo de amadurecimento humano, sobretudo espiritual. Eram jovens talentosos, várias habilidades, vários dons. Uns tinham facilidade com instrumentos musicais, outros eram muito bem preparados para a área da comunicação, outros tinham talentos voltados ao canto; talentos esses profundos às questões sagradas, litúrgicas. E eu me senti, confesso, deslocado, porque vinha do contexto esportivo. Era mais tímido do que hoje e me inquietava, angustiava-me para entender como poderia servir à Igreja sem ter todos aqueles dons que observava nos jovens que estudavam comigo: não sabia cantar, não tinha facilidade com instrumentos musicais e não sabia fazer bem aquilo que, naquele momento, entendia ser essencial para ser padre, para cumprir as missões sacerdotais. Conversava muito com Deus a respeito disso. Como poderei ser útil? Como poderei servir com qualidade a minha Igreja sem as "ferramentas" necessárias para isso? Deus, em silêncio, respondia que no momento oportuno essas ferramentas necessárias seriam apresentadas. Toda essa preocupação me acompanhou ao longo do período de formação. Não me sentia à vontade nem capaz. À medida que fui avançando nos estudos em Teologia e Filosofia, aprofundando-me nas orações, fui percebendo que Deus me revelava que eu, sim, também tinha minhas habilidades, meus dons. Fui compreendendo que Deus me revelava a capacidade de ser sensível às questões humanas, ser solidário com as dificuldades e os conflitos alheios. Eu me emocionava e me preocupava com essas questões, que muitas vezes são invisíveis aos olhos humanos, e aquele sofrimento era silencioso. Percebia e me preocupava com a necessidade de ajudar as pessoas. Deus foi me revelando que eu tinha empatia com relação ao outro, principalmente em situações de sofrimento, e não sei explicar como, mas isso me incomodava muito.

Quando fui ordenado, recebi o Sacramento da Ordem e, através do Sacramento da Reconciliação, da Confissão, iniciei um trabalho na Paróquia Santa Terezinha do Menino Jesus — por saber da grande necessidade que o povo tem de ser ouvido, de ser percebido em suas misérias e da característica que a Igreja tem de auxiliar e acolher os sofrimentos e angústias de toda uma comunidade, de todo um rebanho. A partir do Sacramento da Confissão — e esse momento para nós, cristãos, é bastante objetivo, simples —, o pecado tem nome e não necessariamente há a necessidade de contar sua história. Fui compreendendo, com essa experiência, que alguns casos mereceriam ser aprofundados, que outros mereceriam mais tempo para que chegassem à cura de fato, que muitos eram os casos de conflitos nas mais variadas facetas de uma sociedade dinâmica e plural, e, mais que isso, compreendi que havia, por parte da Igreja, a necessidade de acompanhar essa "recuperação" espiritual. A confissão, por mais necessária e importante que seja, para alguns casos, não era suficiente e levaria um tempo a mais para que de fato pudesse garantir a dignidade e a paz aos que buscam ajuda.

Aos poucos, fui percebendo aquilo que Deus me falava com relação às minhas angústias, que giravam em torno dos dons necessários para a condução do meu papel sacerdotal. Tudo era mais claro agora. Minha vocação e meu carisma eram sinônimos de cura para os meus. Meu ministério começava a desenhar uma história a partir de um trabalho chamado Direção Espiritual, que concilia o Sacramento da Confissão e a necessidade de orientação, pelo tempo que se fizer justo, para que gradativamente eu também possa devolver aos “filhos” que me forem confiados a certeza de que Deus é, e sempre será, o motivo maior. Aos poucos, fui entendendo o que Deus queria me dizer: “Vá se preparando!” É uma troca, e a aprendizagem ganha proporções mútuas. São sete anos de ministério sacerdotal e, a partir daí, vejo a importância da Direção Espiritual para o ser humano, para os cristãos, para a Igreja e para Deus, vejo-me como instrumento para o trabalho missionário, para o chamado de Deus. Sozinho não poderia assumir esse trabalho, mas Ele me acalanta, conforta, dá força e sabedoria nas proporções exatas, nos momentos certos. Hoje, minhas palavras são de agradecimento, a Deus e a todos os que confiam a mim essa importante tarefa de curar. De verdade, espero que esse projeto, através do livro *Corações curados para amar: resgatando os tesouros que há em mim*, possa alcançar muito mais pessoas e, de fato, ser funcional para que elas possam compreender a dinâmica de Deus na nossa vida e também, principalmente, que Ele nunca desiste de nós. Que cada testemunho, cada verso possa tocar cada um à medida que permite a compreensão de que somos preciosos, somos caros.

Espero que a Direção Espiritual, como “cirurgia” da alma, investimento que nasce do confessionário da Paróquia da Santa Terezinha do Menino Jesus, na cidade de Embu-Guaçu, possa chegar a quem precisa e alcançar todos os corações necessitados espalhados por esta imensa Terra de Santa Cruz. É isso aí, Santa Terezinha do Menino Jesus, rogai por nós!

Vamos inclinar nossas cabeças
e, auxiliados pelo canto,
vamos pedir perdão a Deus

1.1 Sei o caminho que devo escolher. Mas o que fazer quando não me sinto preparado para isso?

Num contexto improvável de situações, muitas vezes nos vemos perdidos, desorientados e, com frequência, tomamos decisões sem as certezas que deveriam nos caber. Derivadas das nossas escolhas, colhemos as consequências de uma atitude, e o diferencial é com que bases estamos decidindo. Essa experiência passa pela nossa sabedoria e capacidade de esperar. É sempre bom considerar que nosso tempo em relação ao tempo de Deus é bem diferente.

A Direção Espiritual é dom de Deus. É a maneira que Ele usa para, através do sacerdote, entrar na vida e no íntimo das pessoas para revelar a elas seus valores, dons e importância, o que têm de melhor. Tudo de que precisamos e temos está dentro de nós. A Direção Espiritual assim nos revela.

Hoje percebemos a necessidade que os cristãos católicos têm de ver “milagres”. Eu tenho essa oportunidade. Vejo essa “restauração” a cada dia, a cada oportunidade com o ser humano. A cada atendimento, tenho a graça de perceber milagres que transformam a vida das pessoas e que, dia a dia, revelam-se através de uma postura mais adequada, de seres humanos melhores, que renascem para uma vida melhor. O tempo de Deus é a resposta certa para as perguntas que sempre fiz com relação aos dons que eu, para o exercício do meu ministério, pedia.

É essa dinâmica de Deus, através da Direção Espiritual, que nos permite ser "invadidos" por uma revelação pessoal, na qual, verdadeiramente, passamos a nos enxergar, a nos comportar, a viver com a dignidade que deve estar presente na vida de quem assim se comporta, num estado de constante conversão e manutenção de fé.

Não podemos admitir uma vida cristã sem o ímpeto da liberdade que nos move. Quando assumimos nossa conversão verdadeiramente, quando testemunhamos essa escolha existencial, entendemos que todas as nossas ações estão envolvidas nesse caminho já percorrido. Os sentidos parecem ser mais evidentes, e os significados das escolhas que temos feito se justificam de maneira prática como, de fato, as melhores, as mais acertadas. É possível que já tenhamos nos perguntado: como posso crescer e avançar? Antes de mais nada, precisamos distinguir as coisas que nos impulsionam das que nos amarram. A matéria nos envolve em qualquer circunstância, mas experimentamos também a dimensão espiritual e afetiva. A diferença está na importância que damos para as coisas materiais em relação à que que damos para as de ordem espiritual.

Naturalmente, uma realidade não precisa opor-se a outra. No entanto, podemos conciliar os bens, as estruturas concretas, as nossas conquistas com um propósito que unifique essas riquezas. Dessa forma, cultivando essas realidades, não dando prioridade às que são mesquinhas, caminhamos em direção a esse crescimento. Parece contraditório, mas às vezes essas dimensões que tanto buscamos aparecem no momento em que nos permitimos superar uma dificuldade.

1.2 O tempo de Deus na minha vida e a revelação dos tesouros que a mim são reservados

Nossa história segue uma diretriz maior, que deve ser a própria caminhada de Cristo. No domínio dessa certeza, carregamos a responsabilidade de anunciar as maravilhas de Deus e a presença delas diretamente em nossa vida. Muitas vezes, nós, infelizmente, não temos esta compreensão pronta: a de que somos importantes para Deus e, unicamente por meio dEle, encontraremos o caminho para as muitas respostas de que precisamos.

A oração é um dos caminhos para a chegada a essas respostas. A primeira compreensão é a de que não será no nosso tempo que nossos "pedidos" serão atendidos. O tempo é o de Deus. E só seremos atendidos se realmente nossos "pedidos" fizerem parte daquilo que Ele guarda para cada um de nós. Deus nos mostra seus sinais.

Quando pedimos uma resposta, de fato precisamos estar atentos à sua manifestação. O mundo, quando nascemos, já está pronto e, aos poucos, vamos nos apropriando de suas realidades e detalhes. É assim a experiência a que somos convidados a viver: a revelação de Deus em cada circunstância em que "eu" permito que Ele faça parte da minha história.

Tudo o que Deus guarda para nós, na verdade, já está conosco, o problema é que nem sempre nos damos conta disso. Deus fala com seus filhos e, para a compreensão dessa conversa, é necessário que tenhamos paciência para ouvir e atenção nos muitos detalhes que nos trazem a presença dEle. Precisamos interpretar esses sinais não como gostaríamos, mas como de fato eles são.

Podemos tomar como exemplo a oração que o Pai nos ensinou e que, carregada de sentido, evidencia que precisamos nos desgarrar das nossas vontades e nos propor verdadeiramente às vontades de Deus:

Pai nosso, que estais no Céu,
santificado seja o Vosso nome,
venha a nós o Vosso reino,
seja feita a Vossa vontade,
assim na Terra como no Céu.
O pão nosso de cada dia nos dai hoje;
perdoai-nos as nossas ofensas,
assim como nós perdoamos a
quem nos tem ofendido.
E não nos deixeis cair em tentação,
mas livrai-nos do mal.

Amém.

Quando repetimos a oração, no verso que diz: "seja feita a Vossa vontade", necessariamente temos também de compreender que, embora tenhamos nossas vontades pessoais e próprias, quando nos propomos à caminhada de verdadeiros cristãos católicos, não podemos em hipótese nenhuma desconsiderar o nosso Deus, nosso Pai, como o principal caminho a seguir. Às vezes não nos permitimos a acolhida de Deus e, por isso, não desfrutamos de seus mistérios e graças, ou seja, o canal de comunicação com Ele é a abertura do nosso coração para Sua ação milagrosa. Quando alcançarmos as respostas que procuramos, elas serão consequências da nossa sincera relação com Deus.

Existe um poema bastante conhecido que ilustra bem esse "diálogo" com Deus quando de nosso verdadeiro exame de consciência. Numa autoavaliação, reconstruímos momentos importantes da nossa vida segundo a nossa óptica humana, nem sempre considerando esses mesmos propósitos de Deus. É evidente que muitos são os equívocos, mas, sobretudo, precisamos, a partir deles, reconhecer nossas misérias, recomeçar com Deus e entender que, em nenhum momento e sob nenhuma circunstância, Deus vai nos abandonar:

Pegadas na areia

Uma noite eu tive um sonho... / Sonhei que estava andando na praia / com o Senhor / e no céu passavam cenas de minha vida. / Para cada cena que passava, / percebi que eram deixados dois pares / de pegadas na areia: / um era meu e o outro do Senhor. / Quando a última cena da minha vida / passou diante de nós, olhei para trás, / para as pegadas na areia, / e notei que muitas vezes, / no caminho da minha vida, / havia apenas um par de pegadas na areia. / Notei também que isso aconteceu / nos momentos mais difíceis / e angustiantes da minha vida. / Isso aborreceu-me deveras / e perguntei então ao meu Senhor: / — Senhor, Tu não me disseste que, / tendo eu resolvido Te seguir, / Tu andarias sempre comigo, / em todo o caminho? / Contudo, notei que durante / as maiores tribulações do meu viver, / havia apenas um par de pegadas na areia. / Não compreendo por que nas horas / em que eu mais necessitava de Ti, / Tu me deixaste sozinho. / O Senhor me respondeu: / — Meu querido filho, / jamais te deixaria nas horas / de prova e de sofrimento. / Quando viste na areia / apenas um par de pegadas, / eram as Minhas. / Foi exatamente aí / que te carreguei nos braços.

(MARY STEVENSON, 1984,
a partir do texto original de 1936)

A análise primeira que pode ser feita dispensa comentários, mas requer considerações. Não é Deus que nos abandona, muitas vezes somos nós que o abandonamos. Nesse sentido, a Direção Espiritual nos faz, aos poucos e à medida que permitimos, retomar os caminhos do Senhor, segundo o entendimento reto de que nós somos seus herdeiros e, para tanto, devemos reconhecê-lo salvador. É bonito considerar que, em meio a tantas dores, somos capazes de nos reerguer e, cada vez mais, levantar-nos mais certos de nossa fé e de nossas responsabilidades cristãs. Quando entendemos que Deus nunca nos abandona, nos damos conta de aproveitar melhor tudo o que Ele nos oferece.

1.3 Que direção devo seguir?

Nós temos o livre-arbítrio, e isso significa que temos o direito de fazer nossas escolhas, porém também devemos ser responsabilizados por suas consequências. No momento da nossa "Direção", sabemos qual o caminho a ser seguido, no entanto nem sempre assim o fazemos. É nesse percurso de preparação, nessa trajetória de amadurecimento, que usufruímos da oportunidade que temos de partilhar nossas experiências uns com os outros e, sabiamente, usar esse aprendizado para compreender a utilidade do testemunho na vida em comunidade. O que é certo para nós são as dificuldades que todos temos, mas o mais importante é que também a vitória nos foi prometida!

O sacerdote é um importante instrumento de Deus. Reconhecer na figura do padre a intercessão necessária para nossas ações é a interpretação esperada para que todas as transformações que nós esperamos aconteçam. Em meio às contrariedades, vivemos e, muitas vezes, não nos damos conta de que Deus se manifesta através do padre e também através dos nossos, dos que nos são próximos. O cuidado com o todo depende do cuidado que temos com as partes. Às vezes queremos fazer tudo e acabamos não dando conta de atender a todas as nossas tarefas e/ou atribuições. Existe um processo. Um caminho.

O povo de Israel caminhou por toda uma história a fim de chegar ao momento de se assentar em sua própria terra, e essa busca é interminável. Esse momento para nós também chegará, porém, num tempo decorrente e mediante nossas lutas.

Nesse passo a passo, vivo a experiência de um povo que busca se encontrar nos planos de Deus. Tenho a rara chance de ser presença de Deus na vida de tantos outros. Rara pelo fato de sermos apenas instrumentos úteis ao cumprimento dos planos do Alto. Não é o que eu quero falar ou como acredito, mas, sim, a maneira como Deus me pede. Por isso é fato dizer que seus dons são gratuitos. Não se trata de merecimento. Tudo isso me leva a compreender que a verdadeira experiência com Deus nos leva à maturidade. Isso começa ao entendermos que Deus não vai atender a todas as nossas vontades, a todos os nossos quereres. Quem ama não nos diz "sim" a tudo.

Assim é Deus conosco. Parte das nossas dores são pré-requisitos. O amor não contempla defeitos, mas Deus nos ama sabendo de todas as nossas limitações. Não se trata de uma ilusão ou de algo temporário. Deus nos ama em absoluto porque espera de nós a conversão e que os talentos que Ele espera que reconheçamos em nós mesmos sejam mais e maiores do que nossas fraquezas. Ao partir de quem eu imagino ser para quem eu verdadeiramente sou, ou seja, ao deixar de me ver com os olhos humanos e me enxergar com os olhos de Deus, encontro as possibilidades de real crescimento.

É bonito perceber que são várias as maneiras que nos aproximam de Deus; além da oração, temos as canções como formas ricas e efetivas de falar com Ele. Entre as muitas outras formas que poderiam ser citadas, destaco uma do Padre Jonas Abib, que nos revela a imensidão do Pai e a necessidade de confiarmos em suas promessas.

Não dá mais pra voltar

Não dá mais pra voltar, o barco está em alto-mar.
Não dá mais pra negar,
o mar é Deus e o barco sou eu.
E o vento forte que me leva pra frente
é o amor de Deus.
Não dá mais pra negar,
o mar é Deus e o barco sou eu.
E o vento forte que me leva pra frente
é o amor de Deus.
Não dá nem mais pra ver
o porto que era seguro.
Eu sou impulsionado a desbravar
um novo mundo.
Não dá mais pra negar,
o mar é Deus e o barco sou eu.
E o vento forte que me leva pra frente
é o amor de Deus.

(PADRE JONAS)

Como bem ilustra a canção: "O mar é Deus e o barco sou eu." Essa sentença resume que o princípio das nossas realizações parte das maneiras de acreditar e ver quem é quem na história da salvação. Às vezes precisamos refletir sobre questões dessa ordem. Não se trata de nada mirabolante, mas, sim, das coisas corriqueiras e simples do dia a dia. Não somos nada sem Cristo, mas com Ele podemos qualquer coisa. Não podemos nos esquecer nunca disso. Quando Deus nos fala ou nos chama é porque Ele conta conosco.

Participamos da vida de Cristo, portanto, na condição de profetas, assumimos, quando batizados, as graças do Senhor. Quando acreditamos nisso, fica menos difícil perceber quanto Deus se manifesta em nossa vida, nos detalhes, nas singelezas, nas situações mais simples que experimentamos. Nessa dimensão profética, temos desafios que são próprios da condição de todos nós, reconhecidos como filhos e filhas de Deus.

Senhor,
tende piedade de nós!

Jesus Cristo,
tende piedade de nós!

Senhor,
tende piedade de nós!

2. Direção Espiritual:
vocação assumida diante das necessidades humanas

Deus se manifesta das mais variadas formas possíveis e, necessariamente, por meio de nós. Nossa responsabilidade em evangelizar, portanto, é singular e muito esperada, visto que de mim pode vir a ajuda de que necessita o meu próximo.

Quando um sacerdote se dispõe, em vocação, ao exercício da Direção Espiritual, sua missão passa a assumir um relativismo em relação a tempos e expectativas: a cronologia de cada direcionamento é um particular que se estabelece entre o dirigido e o diretor espiritual, e o acompanhamento pode levar um tempo indeterminado, bem como os frutos colhidos ao longo desse processo podem não ser os esperados. Os resultados dependem sempre dos três envolvidos diretamente nesse diálogo, o diretor, o dirigido e a presença do Espírito Santo. O mais importante é que o "sacerdote-diretor" implique no dirigido o espírito de oração, para que o movimento espiritual possa nascer e renascer no indivíduo.

Quando a direção é apontada, fica mais simples descobrir a melhor "estrada", mas é preciso que haja um cuidado: quem assume o papel de diretor espiritual? Quais as condições necessárias para se assumir essa importantíssima tarefa através da Igreja de Cristo? Que tipo de satisfação pode existir, por parte do diretor espiritual, quando o principal objetivo é fomentar os dons do outro em detrimento de suas limitações?

Com certeza a presença de Deus é o que nos movimenta. Do contrário, nada teríamos, nada seríamos, nada conseguiríamos. Seja por conta de seus vários sinais, seja por conta das pessoas que nos rodeiam, somos e estamos envoltos pelas coisas do Céu. É no extremo de nossas emoções, da dor, que podemos experimentar com mais qualidade a misericórdia de Deus e, de todos os jeitos, contemplar sua graça diante de nós. Reconhecemo-nos pecadores, mas nos percebemos vitoriosos com Cristo. Há muitas realidades que não sabemos definir concretamente; nesses momentos, passamos a usar nossa fé. Pensando naqueles que já tiveram a oportunidade da experiência com Deus e reviveram a partir disso, com muita alegria relembro e também ofereço a reflexão de um testemunho que brotou vida em meio à morte, que permitiu uma nova fase quando tudo parecia conspirar para o fim.

Testemunho

O objetivo dos anjos enviados por Deus é a demonstração do amor que Ele tem por nós.

Foi assim que Deus agiu na vida do meu filho e na minha, através do diretor-padre Gean Medeiros, com a Direção Espiritual.

Com a perda do meu marido, eu me vi a um passo para a depressão; vivia chorando e sem ânimo para o trabalho, sentia-me castigada por Deus.

Foi aí que apareceu esse "anjo". Foi com suas palavras de carinho e paciência que ele me tirou desse buraco que a cada dia me rebaixava mais.

A cada encontro, sua paciência em me ouvir ia me dando a paz de espírito, e, através de suas palavras, percebi que não foi Deus que quis aquilo pra mim, pois cada um tem a sua cruz para carregar.

Hoje eu me encontro bem, e se estou bem é porque pude contar com a ajuda deste que, como padre, foi e é meu diretor espiritual. Sou grata a esse apoio, que também ajudou ao meu filho que na época tinha 16 anos, e também esteve sob direção. Ambos fomos presenteados com esse ato de carinho. Sei que o padre sabe do bem que nos fez e tem a certeza de que conseguimos superar, de forma bastante dolorida, essa perda, que ainda nos faz falta, pois a tristeza se foi, mas a saudade ficou.

Agradecemos ao diretor espiritual padre Gean do fundo do coração por esse resgate.

(MARIA DO CARMO RODRIGUES LOPES E FILHO)

É muito importante perceber que nossas dores não são maiores do que nossas conquistas e que Deus, principalmente nas dificuldades, está conosco para ser em nós o que sozinhos não somos. A sabedoria bíblica nos diz que precisamos entender o tempo de cada coisa. Precisamos da chuva para perceber o desabrochar das flores. Há um processo natural da vida. Temos um tempo para cada coisa, um tempo natural que nos encaminha a favor das nossas descobertas. Um sorriso, por exemplo, não nasce por acaso. Existe toda uma circunstância que dá subsídios para cada um dos nossos gestos. Nenhuma de nossas conquistas é por acaso. Buscamos e trabalhamos muito para que as coisas aconteçam.

Precisamos nos dispor para nós mesmos e para o outro. Senão, como explicar que, não sendo dono do que é meu, posso oferecer o que eu tenho para o outro? Isso é esperado de nós. Não podemos deixar de buscar quem realmente somos. Nossa conversão passa por essa compreensão, por esse fato. O que nós somos em detrimento do que precisamos ser: o nome dado a essa distância é "conversão"!

O que eu tenho, o que eu vivo, não é necessariamente aquilo de que preciso e que mereço. Daí entendermos que Deus tem muitas portas abertas para nós. Muitas vezes, nos cabe o gesto de movimentar a maçaneta que nos abrirá novos horizontes. Não podemos buscar o brilho temporário. Nesse sentido, em várias ocasiões, somos tentados ao imediatismo, ao que é prático, às transformações que não exigem de mim esforço ou sacrifício. Deus não pode ser a nossa vaidade. Temos responsabilidade no que se refere à construção da nossa própria salvação.

Nossa santidade nasce dos nossos defeitos. Somos, e devemos ser, espontâneos porque nosso crescimento tem de ser real ao que, paralelamente, Deus espera de nós. E Ele espera que sejamos santos.

Deus nos fez de um jeito, e é desse jeito que precisamos ser e estar. Melhorando, sendo operários daquilo que não está pronto. Deus nos dá as ferramentas necessárias, nós devemos ser os operários da construção que se espera de nós e para nós. Não precisa ser um desafio maior do que as forças que temos. A cada dia, temos de prover trabalho suficiente para nos render as certezas de que não estamos sozinhos: Deus está conosco principalmente quando as coisas não estão ou não vão tão bem. Só precisamos nos dar conta disso, caso contrário, não teremos condições de manifestar mais essa verdade. Nossa identidade cristã se faz a partir do momento em que nos reconhecemos filhos e filhas de Deus.

2.1 Quem é o diretor espiritual? Quem ele pode ser?

Em muitas situações, até de ordem metafórica, a "direção", "orientação", "parecer" ou "sugestão" com relação a qualquer tipo de intervenção cabe a alguém mais experiente, com graduação distinta, idade elevada ou mesmo decorre de algumas ideias generalizadas. No entanto, quando nos referimos à Direção Espiritual, inquestionavelmente, o preparo do diretor deve ser específico às suas responsabilidades assumidas. Dentro das missões assumidas pela Igreja, a sensibilidade em dispor a Direção Espiritual como recurso disponível à recuperação de sonhos e à reconstrução de seres humanos é um diferencial valioso.

Portanto, o diretor espiritual é o próprio sacerdote que, no seu ministério, apropria-se de mais esse recurso para os fins da evangelização que se fizerem necessários. O sacerdócio, porém, não é o suficiente. É necessário que o diretor espiritual tenha carisma para lidar com diferentes problemas e, com a sabedoria necessária, possa orientar cada caso à sua solução efetiva. As responsabilidades se dividem, e a empatia é um critério importante, sobretudo e indiscutivelmente, por ser um fator que representa a confiança que será dispensada nos diálogos estabelecidos e, mais que isso, nas orientações dadas ao dirigido. É preciso que haja bastante discernimento por parte do diretor espiritual, até porque nunca se sabe qual tipo de ajuda lhe será solicitado. Qualquer que seja a intervenção, o diretor precisa, a exemplo de Cristo, colocar-se no lugar de cuidador, de "pai", daquele que sugere o caminho mais "correto". Nossa conversão passa pela nossa maneira de amar, não poética, não romântica, mas de maneira real, que desperte em nós mesmos a realidade tal qual ela é.

Uma das minhas missões como diretor espiritual é "convencer" o dirigido a se permitir ser cuidado por Deus. Deixar que Deus seja seu cuidador, entender por que ele cuida e como o faz.

Na tentativa de mostrar o caminho correto ao outro, necessariamente vivo e experimento Deus na minha vida. Na metáfora da vida, muitas são as maneiras de exemplificá-la. O diretor espiritual é, na música, o arranjo diferente extraído daquela música que é conhecida; na poesia é o mesmo verso reinterpretado de maneira mais sábia, mais real, com um novo significado; no anonimato de cada história, é a descoberta de que um novo passo precisa ser dado, é esperado, pois as conquistas nos pertencem; na caminhada cristã, o diretor espiritual é a redescoberta dos dons que carregamos, a reinterpretação dos passos que nem sempre estamos acostumados a dar, é a alegria de descobrir que já temos o que precisamos, e que é ação do Espírito Santo despertar tudo isso através da Direção Espiritual, que cumpre esse papel especial.

Para todas essas conclusões, dependemos da espera. Contudo, o tempo de espera não é um tempo de mansidão, mas de muito trabalho, de preparo para que as sementes anteriormente lançadas possam germinar e dar frutos (ver Marcos 4,26).

A dor faz parte do cultivo da nossa fé, mas não podemos nos entregar a ela. Ela um dia vai passar, e vai nos restar a comemoração de ter persistido, vencido. Precisamos confiar. Não podemos desistir do amor, nem de amar, até porque é o que nos resta para começar uma nova história. A felicidade não é uma mágica, mas algo que conquistamos, e o sofrimento tem uma contribuição importante. Cada realidade nos permite um amadurecimento humano que nos refaz em condições positivas para lidar com as adversidades. A própria história de Cristo não nos fomenta facilidades. Entretanto, através dos caminhos estreitos, mesmo difíceis, convoca-nos também a aceitar o convite para desbravar experiências que nos aproximem mais de Deus, porque, na dificuldade, algumas medidas são exigidas de nós. Ninguém passa por ela sem a necessidade de ser misericordioso, compassivo, humilde.

2.2 Nem todo sacerdote tem o carisma para dirigir espiritualmente

O vasto campo de atuação de um sacerdote lhe permite escolher especificações que vão ao encontro de seu carisma.

Felizmente, tenho a honra de ser sacerdote e, na graça de Deus, ter o carisma de poder me dispor como diretor espiritual. Acredito que somos poder de cura na vida do outro e, pensando de maneira recíproca, reforçamos a necessidade de viver e nos aceitar em comunidade.

Na certeza de acreditar no potencial humano, a missão de dirigir espiritualmente é mais do que um diálogo prolongado, uma terapia, um desabafo. Trata-se de um verdadeiro e revolucionário momento de reflexão em que o dirigido é despertado a si mesmo, de modo que, aos poucos, reconheça sua natureza dotada de qualidades, dons e muitas características que lhe são próprias. Pensando nessa responsabilidade e conciliando essa ferramenta de evangelização com a vasta diversidade de situações que o dirigido vive e às quais se sujeita, teremos a expansão natural de princípios e valores transformadores: quando o dirigido se permite as orientações que lhe são dadas, com a autonomia de decidir, muito de sua transformação chega às outras pessoas como influência positiva e de proximidade com Deus.

É muito nobre poder contar com as qualidades humanas que temos em favor da nossa melhoria, visto que Deus não nos fez para perecer, mas principalmente para manifestar sua misericórdia a partir de cada gesto, de cada ação. Pensando assim, nossas atribuições cristãs vão muito além do que pensamos como indivíduos: representamos uma comunidade!

Muitas vezes, nos vemos à espera de alguma resposta. Entre as muitas dúvidas que temos nesse tempo de "esperas", vivemos um período de ansiedades, de angústias. A vida é esse processo de respostas, e estas vêm num tempo que não necessariamente nos pertence. Precisamos, sim, saber as "perguntas", do contrário, pode ser que as respostas já tenham vindo e não as tenhamos percebido. Por meio dessa incansável busca, nessa aprendizagem constante, por compreender aquilo que nem sempre entendemos com facilidade, sem pressa, percebemos melhor o que podemos fazer ou, ainda, como e quando podemos fazê-lo para tornar nossa realidade melhor. O amor de Deus tem o poder de nos transformar. Basta que nos sujeitemos a ele. É de Deus que vêm as melhores respostas. A Direção Espiritual é uma dessas respostas à pergunta: como posso me ajudar e, consequentemente, ajudar os meus?

Deus nos visita de maneira concreta através das pessoas. Penso que essa é uma forma distinta de receber Deus: através de um amigo, de alguém com quem dividimos momentos importantes, íntimos! Nos mistérios de nossa existência, o outro tem importância fundamental. É ele que muitas vezes nos mostra quem somos. Contudo, isso não tira de mim a responsabilidade de dar o primeiro passo, de ser o principal responsável pelas decisões tomadas, pelas escolhas, pelas estradas utilizadas. Temos de reconhecer a sacralidade que há em nós. Assim, fica menos difícil reconhecer a verdade do que somos e o que representamos uns para os outros. Se estivermos "presos" em Deus, estaremos livres no mundo.

2.3 Qual é minha vocação?

Muitas são as perguntas que fazemos ao longo da nossa caminhada. Algumas são bem comuns, outras aparentemente confusas ou subjetivas demais, mas é um caminho necessário para que nos "descubramos em nós mesmos". Qual minha missão aqui na Terra? Como posso levar a Palavra de Deus adiante se não consigo administrar minhas dúvidas? Qual o caminho da salvação?

Em meio a tantas indagações, não podemos nos convencer de que nossas limitações são a justificativa para nossa falta de respostas. É nesse momento que devemos nos alimentar da Palavra de Deus e interpretá-la à luz da nossa dor ou angústia. O que Deus está falando para mim? O que Ele quer que eu faça? Como posso ser salvação na vida do outro? Os critérios de escolha de Deus são muito diferentes dos critérios humanos. É justamente por conta de sermos fracos, falhos, limitados que fomos escolhidos. Nosso valor está na qualidade do nosso testemunho, que é vivido, não falado. Nem sempre é fácil conciliar as dificuldades com as posturas que se esperam de um verdadeiro católico apostólico romano, mas precisamos nos desdobrar para, além de ser exemplo, viver e experimentar as graças de Deus na nossa vida. Assim, muitos são os relatos de superação, lutas e vitórias de pessoas que, a partir do direcionamento dado, conseguiram se reerguer.

Nosso coração é o primeiro lugar a ser transformado, em seguida, nossa família, o ambiente de trabalho e assim por diante. No testemunho a seguir, divido a satisfação de ter, por meio da Direção Espiritual, sido cura na vida desta casa, deste lar. Em algum momento e de alguma forma, os ensinamentos deste relato poderão contribuir como lição tirada para a nossa caminhada.

Fé e depressão

Venho, através deste pequeno discurso, relatar um pouco da minha vida, em que fui acompanhada e curada pela Direção Espiritual com o diretor-padre Gean, que, com muita distinção e sabedoria, passou a conhecer minhas batalhas espirituais.

Em 2009, entrei numa profunda depressão, depois de ter passado por alguns problemas de ordem familiar entre os quais o fato de minha cunhada mais nova, Rosa, também depressiva, revoltar-se contra mim. Eu sou professora de Geografia, ela, também professora, leciona Biologia. Por várias vezes quis me bater na escola. Tornou-se uma pessoa bastante difícil de lidar e me acusava de ter matado a sua mãe. A direção da escola ficou a favor dela, alegando que estava doente, que precisava de cuidados e que eu precisava entender. Eu tinha perdido meu pai no mesmo ano em que a mãe dela morreu. Meu pai faleceu no dia 28 de abril, e minha sogra, em 2 de julho de 2007. Estávamos doentes, e ela tinha abandonado o tratamento. Ela tinha colocado na cabeça da minha sogra que seu irmão, Eduardo, não era nada para elas porque tinha com elas um parentesco apenas por parte de mãe.

Nessa época eu já fazia Direção Espiritual com o padre Gean e, quando ele soube que eu não estava bem, passava com frequência na minha casa antes de ir para a Secretaria de Cultura, fazia orações, conversava comigo e eu só tinha força pra dizer que a morte estava perto de mim. Fui melhorando, mas, por causa de toda essa dificuldade, estive afastada do meu serviço por nove meses. Foi então que chegou 2010. Eu melhorava cada vez mais, com visitas, orações e toda a dinâmica da Direção Espiritual. Nesse ano passei por uma grave cirurgia que envolveu a retirada de um mioma do útero e do ovário, e também operei a bexiga e fiz perineoplastia. A cirurgia foi um sucesso, nem precisei passar pela UTI, fui diretamente para o quarto. Eu posso falar da depressão, essa doença do século que atinge até crianças. Para entendê-la, nós precisamos saber tudo sobre ela, inclusive que ela pode até matar. Eu me tornei inútil. Não levantava da cama, não queria comer, só queria dormir. Nem banho queria tomar. O deprimido vive geralmente cabisbaixo, triste, pálido, com movimentos lentos ou até sem movimentos, preferindo ficar deitado a maior parte do tempo para se isolar do resto do mundo. Também pode ter distúrbios gastrintestinais, motores e cardiorrespiratórios e excesso de sono. Essa doença afeta também a parte social através do total desinteresse por tudo: lazer, família, trabalho. Além disso, o doente não enxerga nada de bom com relação ao seu futuro ou ao mundo. Quando estamos nesse estado, nada tem valor. Esquecemos até de nos entregar a Jesus Cristo. Foi aí que a Direção Espiritual me fortaleceu: "... Tudo posso naquele que me fortalece..." Reconheço que esse foi um dos passos mais importantes que eu dei na cura dessa enfermidade, dessa doença.

Você está precisando de ajuda?

Ore assim:

Querido Pai Celestial, doador de todos os dons, refúgio seguro de todos aqueles que se sentem perdidos e desamparados, reconheço que muitas vezes conto primeiro comigo e com as minhas forças e só por último com Tua ajuda. Quero que hoje seja completamente diferente! Primeiro quero contar Contigo e, só em última instância, contar com minha coragem, determinação e fé para vencer mais esse desafio. Tu, que consolas os corações, vem em meu socorro. Não permitas que a angústia e o desespero me tirem o fôlego e a coragem de continuar. Preciso continuar, pois viver em busca da salvação e da realização foi a missão que me deste em Tua infinita e amorosa sabedoria. Eu aceito: a vida é um dom de Teu amor por mim. Se eu a rejeitar, rejeitarei o doador. Uma coisa apenas Te suplico: não soltes minhas mãos, eu não sei caminhar sem Ti. Assim seja!

É assim que vivo: segurando nas mãos de Deus, pai Todo-poderoso.

(ROSÂNGELA HOLANDA RODRIGUES)

É interessante como nossa vida nos mostra, através de vários indícios, detalhes de quem seremos. Quando nos perguntamos "Qual é a minha vocação?", nós nos reafirmamos diante de um paralelo: de um lado, e muitas vezes, queremos seguir determinado caminho, mas, por outra óptica, Deus já tem seus planos para nós. Nosso discernimento está justamente em confiar naquilo que Deus tem para nós, principalmente quando nos vemos como verdadeiros filhos e filhas e, na obediência, nos propomos a seguir o Pai. Para nós, que vivemos a dinâmica do Evangelho, é sempre tempo de luta. Deus nos encoraja. E é por isso que, se seguirmos seus caminhos, mesmo que através de muitas dificuldades, venceremos. Mesmo quando nos vemos diante de quem verdadeiramente somos, precisamos entender que também há a vontade de Deus. Para que eu tenha coragem, força, fé, insistência, persistência, Deus já "depositou" tudo isso em mim antes.

Somos sementes regadas por Deus, daí tantos frutos oriundos. O que nós desejamos é tornar a vida, a nossa vida, uma história bonita, satisfatória. Nunca vivemos sozinhos. Se a minha identificação com o que eu quero e com o que Deus tem para mim me provocar um estado de felicidade, terei o poder de contagiar o outro com essa mesma alegria de viver. O que provoco no outro com a minha vida? Que testemunho tenho dado?

Deus está conosco o tempo todo. E, quando passamos por algum sacrifício, seja no ambiente profissional, seja no âmbito pessoal, é porque temos a necessidade de tornar essas experiências sagradas, ou seja, esse mesmo sacrifício é uma maneira de nos ajustarmos ao que temos e de fazermos aquilo que devemos cumprir como nossa missão. Temos de ser facilitadores daqueles que passam pela nossa vida, não temos o direito de dificultar a caminhada do nosso próximo. De maneiras bem subjetivas, vivemos nossa vocação, que não precisa ser absoluta.

Entretanto, o que fazer com minhas escolhas erradas, meus erros? Nossa vida é um exercício para que possamos errar cada vez menos e acertar cada vez mais. A partir de cada experiência que temos e vivemos, às vezes boas, outrora não tão boas assim, vamos descobrindo qual é o propósito de Deus na nossa vida. Trata-se de uma análise constante; do contrário, estamos sujeitos a perder detalhes importantes para a compreensão dessa presença de Deus em nós. A palavra de ordem é "transformação". Deus nos fala através da nossa consciência, sabemos o que é certo ou errado diante da Palavra, diante de Sua verdade. Não podemos parar de lutar. Não podemos relativizar nossa vida. Nosso empenho tem de ser diante dos projetos que nos darão frutos para essa história que vivemos. Não podemos desperdiçar nossas forças e nossos esforços com coisas erradas, causas que não nos merecem, situações que precisam ser mudadas. Precisamos de uma decisão acertada com relação aos rumos que temos estabelecido. Temos tão pouco tempo que precisamos de urgência para escolher aquilo que o próprio Deus já escolheu para nós. Encontrar a harmonia requer pensar em "mim" antes. "Eu" sei aquilo que me faz bem, não o outro. Não podemos assumir um estado de tristeza ou de infelicidade somente para atender a uma expectativa alheia. É um desafio querer priorizar as pessoas mais importantes da nossa vida: a primeira delas, sem dúvidas, sou "eu".

Não teremos condições de ajudar a ninguém se não estivermos bem com nós mesmos. Não precisa, nem deve ser uma obrigação. Nossas escolhas devem ser experiências que nos valham a pena. Os nossos conflitos devem ser no campo do "Como fazer?", não no do "Que fazer?"

Somos muito complexos. Somos sonhos, desejos, possibilidades, limites, mistérios. Por conta de todo esse contexto, precisamos estar em constante investigação sobre nossa verdadeira vocação e descobrir qual é nosso lugar no mundo. Temos muitas aptidões. Temos muitos defeitos também. Precisamos estar em confronto com o que somos.

Será que minha vocação é ser padre? Ser freira ou religiosa? Casado? Será que a minha entrega precisa ir além do que já ofereço? Precisamos apreciar os detalhes da nossa vocação diária para nos descobrirmos. Nossa vocação passa por sentidos estabelecidos. Entre as vocações que Deus nos chama a seguir estão a de ser pai, mãe, cidadão, filho, profissional, mas, principalmente, cristão, alguém que consiga ser percebido como um verdadeiro seguidor de Cristo.

Não há cristianismo sem reflexão e sem oração. São muitas as questões do dia a dia que nos tiram da nossa comodidade. Em nome delas, precisamos refletir sobre quem somos e o que fazemos, mas destacando quem devemos ser e o que devemos fazer. Cada dia é novo e exige de nós experiências novas também. Nossa história é produto das situações que nos fizeram ser quem somos sem esquecermos de quem devemos ser. Em que lugar do mundo está aquilo que eu tanto procuro? O que farei no dia de amanhã? A resposta, muitas vezes, não é tão nova. Precisamos, na verdade, apreciar sem pressa os detalhes e configurá-los em relação ao que Deus espera de nós.

Deus eterno e todo-poderoso,
Pai que é rico em misericórdia,
tenha compaixão de nós.
Perdoe os nossos pecados
e nos conduza à vida eterna.

Amém.

3. O diretor espiritual e o dirigido:

um diálogo a três!

Nunca estamos sozinhos. Como imagem e semelhança de Deus, somos a própria Igreja de Cristo por onde andamos e nos lugares que frequentamos. Experimentamos suas realizações em nossa vida a partir do que nós mesmos vivemos como testemunho.

Assim como quem lava o rosto todos os dias pelas manhãs, a Direção Espiritual nos permite lavar a alma. Permite nos limparmos de males que, muitas vezes enraizados em nós, nem sempre percebemos. Não podemos nos opor ao que é humano em nós. Nesse sentido, permitimos a aproximação de pessoas que querem o nosso bem em nossos momentos de alegria e de dor, principalmente nos momentos em que nem nós acreditamos nessa possibilidade.

Nem o diretor espiritual nem o dirigido, nesse momento que é decisivo para ambos, estão sozinhos. Nós não estamos sozinhos. A identidade de um povo está no fato de saber ser livre, e, segundo essa premissa, o objetivo da Direção Espiritual está nessa ousadia de, por um lado, livrar o dirigido de uma angústia pessoal e, por outro, libertá-lo para uma nova vida, para uma nova experiência que, com discernimento suficiente, devolverá a alegria, a paz e a segurança necessárias para os novos passos que serão dados.

Contudo, para sermos libertados, precisamos sair da nossa falsa segurança. Tem de ser uma iniciativa individual querer sair da comodidade, do "conforto", e querer uma novidade. No momento em que há a oportunidade de dirigir ou ser dirigido espiritualmente, existem, concomitantemente, as responsabilidades de também representar o Espírito Santo como condição que conduz aquele que precisa de ajuda e, principalmente, o sacerdote, para que seja sábio em sua orientação. Somos apenas um instrumento para que a vontade de Deus se cumpra e se manifeste. É interessante que o exercício que nos faz viver a experiência com Deus seja algo bastante íntimo e pessoal. Esta é a coisa mais importante de que preciso como alguém que admite a necessidade da ajuda: reconhecer que Deus está presente em todos os meus momentos, em todas as minhas circunstâncias. Quando me dirijo ao diretor espiritual, na verdade, devo reconhecê-lo como a própria presença do Cristo, que o usa para comunicar a mim em particular os "passos" que posso ou não escolher seguir.

Não devemos ignorar que a Direção Espiritual é uma maneira muito rica, muito própria que Deus escolheu para nos dirigir. Assim crê, ao menos, quem a procura, seja para conforto pessoal, seja por uma necessidade coletiva, pois nunca é demais querer ser uma pessoa melhor, um ser humano mais preparado.

3.1 Quem é a terceira pessoa da Direção Espiritual?

Quando nos entendemos como necessitados de ajuda, quando nos vemos sozinhos em busca de respostas que não são observadas de imediato, encontramos uma ótima oportunidade para "conversar". Contudo, não se trata de qualquer diálogo. E, sim, de um momento em que vidas começam a ser transformadas, histórias passam a ser reescritas, sorrisos tomam o lugar das lágrimas de tristezas e muitas compreensões passam a fazer sentido. Quando o dirigido se coloca diante do diretor espiritual, inicia-se um desafio, mas o diálogo não está completo. Existe uma terceira pessoa fundamental que determina a qualidade e as reais transformações esperadas a partir de então: o Espírito Santo! A presença de Deus através do Espírito Santo, por meio de sua santidade, sobretudo, dá os sentidos, os valores, os significados e o entendimento maior de que é Deus, sempre, que está no comando e à frente de nossas vidas. Cristo está presente no mundo através da força do Espírito Santo. Nossas escolhas passam pela interpretação de que o diretor espiritual é instrumento de Deus para a transformação daquilo que, sozinhos, nós não conseguiríamos realizar. A Santíssima Trindade é indissociável: o Pai, com sua missão específica de criar, o Espírito, com sua missão específica de santificar, e o Filho, com sua missão específica de salvar.

É interessante notar que, em todos os momentos da nossa vida, na nossa história, as três dinâmicas trinitárias acontecem. Também somos recriados o tempo todo, nossa "gestação" acontece em processos, evoluímos e nos transformamos. Com o intuito de um aprimoramento constante, a Direção

Espiritual permite uma reconstrução, uma revisão, uma revolução na nossa vida que, felizmente, podemos experimentar a todo momento. Nossas maneiras de pensar, de agir, as escolhas que fazemos, nos fazem gradativamente melhores. A obra de Deus fomenta em nós uma evolução espiritual constante, que sai de uma condição egoísta, limitada, de misérias e adentra num estado de partilha, de humildade, elevação da nossa alma, do nosso amor, do nosso coração.

Preciso assumir um compromisso de prioridades com relação ao que eu quero para mim e para o outro. Minha evolução passa pelas escolhas que faço. É por isso que, quando nos permitimos esse desafio do compromisso com a Direção Espiritual, estamos em contato direto com o Pai, com o Filho e com o Espírito Santo. Meu diretor espiritual me aproxima dessa compreensão, que não precisa ser complexa, mas precisa chegar a mim como uma constante, como algo permanente.

Deus quer melhorar nossa vida, mas como? Deus não pode agir sozinho, e, em nome da nossa liberdade de escolhas, Ele não vai entrar na nossa vida sem antes bater à porta do nosso coração. Precisamos antes desejar que assim Deus se manifeste, que Ele seja o Pai que cria, o Espírito que santifica e o Filho que salva. O diálogo é permanente. Não podemos esquecer jamais que são nossas escolhas que definem a proporção da ação de Deus sobre nossa vida.

Frequentemente, minha primeira escolha é a Direção Espiritual, na qual eu me reeduco, reergo-me, reanimo-me, revejo-me como prioridade de Deus, mesmo, muitas vezes, não o priorizando.

A maior dificuldade é abrir nossa própria estrada. O caminho que precisamos seguir depende da soma de todos esses detalhes que por vezes parecem não fazer sentido. Somos constantemente cuidados por Deus. Não podemos cair no erro de negar, com escolhas equivocadas, os efeitos de Deus, da Santíssima Trindade em nossa vida. O Espírito Santo nos socorre em nossas dificuldades. Nascemos e renascemos por meio dEle. É importante estarmos atentos para um detalhe: Deus não desiste de nós sequer por um instante! Em contrapartida, não podemos ser tão vulneráveis aos buscar os sentidos que nos faltam.

3.2 Como entrar em um acordo?

Entre minhas vontades e meus anseios, existe uma distância considerável. O meio-termo desse contexto é a presença de Deus confirmada nas minhas decisões e no meu entendimento de que nem sempre aquilo que eu peço é o mais necessário ou importante para mim. Meu exercício de fé me dá condições de refletir, constantemente, sobre como posso conciliar as palavras de ordem que o Pai me disponibiliza e aquilo que, como cristão, preciso realizar: minha missão, meu anúncio do Evangelho, meu testemunho de vida real, sincero e prático.

Observo com muita distinção a presença de Deus nos detalhes que praticamos e na simplicidade que vivemos. Portanto, cabe a nós dar o espaço necessário para Deus se manifestar e realizar os milagres que tanto almejamos. Tudo depende de nós. Minha vida cristã passa pelo meu discernimento, pela minha sabedoria, minha maturidade e, principalmente, pelas minhas "certezas" de que devo fazer de tudo para estar próximo de Deus sempre. A voz é do sacerdote, bem como as palavras e a expressão. No entanto, tudo aquilo que se oferece é espiritual. Portanto, é Deus que age. Há um cuidado nesse sentido em orientar o dirigido de que a ação não é do padre, mas do próprio Espírito Santo.

Oremos

4. Direção Espiritual
como ferramenta de cura e libertação

Quando fundamentamos nossas reais necessidades e somos pautados em nossas reais condições, vemos realizados em nossa vida os milagres que tanto buscamos. Nosso propósito passa pelas nossas escolhas, e uma delas é seguir os caminhos de Jesus, nas nossas proporções, nos nossos martírios, nos nossos esforços e testemunhos de vida. Precisamos acreditar que Deus é amor. Não é fácil, porque, às vezes, estamos condicionados a decifrar nossas amarras interiores e isso nos dificulta enxergar a misericórdia, a compaixão e a divindade de Deus. Comportamentos humanos nos fazem compreender tardiamente a presença de Deus em nossa vida. Nunca somos um caso perdido para o Pai. Quanto antes nos rendermos à Direção Espiritual, maior será nossa capacidade de entender que o amor de Deus é intenso, é acolhida, sem questionamentos, sem censuras. Ele simplesmente nos recebe de braços abertos. Somos limitados para acreditar nesse amor. Julgamos pelas vertentes humanas, entendemos que se trata de uma troca e, equivocadamente, fazemo-nos entender como quem vive em prol de "recompensas".

O que temos e o que somos, nunca é demais citar, é gratuidade de Deus. Não podemos em hipótese nenhuma desconsiderar tudo isso. Deus está no meio de nós, e a maneira mais eficaz que temos de nos convencer disso é através da espiritualidade, como sendo nossa capacidade de viver esse mesmo amor em nosso lar, entre nossos amigos, no nosso ambiente de trabalho, em nossos momentos informais, entre as oportunidades que temos de expandir todos os mistérios da nossa fé.

A maior prova de amor de Deus para conosco foi entregar seu Filho único, não para condenar o mundo, mas para que o mundo fosse salvo. Portanto, devemos nos aproximar da luz que é o próprio Cristo, nosso lar tem de ser esse território da luz. Nossa Igreja doméstica, nossa família, tem de ser a chama estendida dessa luz, da própria salvação que é minha, é nossa.

Quem é Jesus para nós hoje? Por mais que não relacionemos uma situação à outra, quando permitimos que Deus entre em nossa vida, permitimos que Ele nos capacita com o discernimento do certo e do errado. Essa experiência de fé passa pelas experiências e pelas oportunidades da Direção Espiritual, que, necessariamente, encoraja-nos a buscar essa mesma luz. Quando podemos dar o primeiro passo em direção aos caminhos da salvação, nos vemos também como prioridade para Deus. A cura, às vezes, é invisível. A libertação, por vezes, é silenciosa. Não temos o direito de desprezar tudo o que Deus já nos deu, tudo o que já conquistamos, tudo o que nos foi prometido. Quantas vezes nos negamos diante de todas essas realidades?

A Direção Espiritual nos faz abrir os olhos para apreciar o nosso passado com amor, de modo que nos encorajemos para compensar os prejuízos de nossas escolhas. A experiência da "ressurreição" faz parte da nossa própria conversão quando nos vemos pecadores, mas nos projetamos com novos olhares, novos caminhos, uma nova maneira de enxergar, viver e pregar tudo o que nos aproxima de Deus. Os efeitos desse processo nem sempre podem ser mensurados pelo outro, mas é percebido por nós. Nosso testemunho passa pela nossa experiência de fé quando conversamos com Deus.

Às vezes, diante das várias oportunidades que tenho de acompanhar essas conversões, percebo fiéis que se aproximam com muitas dores, com muitos machucados na alma, desacreditados. O primeiro passo é convencê-los de que Deus está ali, sobretudo para eles. Apesar de todos os nossos erros, todas as nossas falhas, Deus continua nos amando, e mais, e mais.

Meu filho, minha filha, deixe Deus falar com você, fale com Ele também. "Mas, padre, eu não sei rezar, como devo fazer?" Meu filho, minha filha, sabe aquele seu melhor amigo, aquela pessoa que lhe é próxima? Pois é, Deus nos visita através desse amigo, dessa pessoa. Do mesmo jeito que você desabafa com esse seu amigo ou amiga, desabafe com Deus, agradeça, tire suas dúvidas, faça suas preces, desculpe-se, renove seus laços de fidelidade. Deus fala conosco, mas Ele também quer nos ouvir. Quer ouvir não necessariamente por que pecamos, mas, principalmente, o que nos trouxe de volta. Vivemos em um mundo em que é impossível desconsiderar os efeitos de uma realidade que nem sempre se faz da maneira como a imaginamos. Nossa fé é o exercício de poder enxergar uma solução para o mundo. Mesmo diante dessas tantas dificuldades, permanecer na fé é enxergar Deus presente na nossa vida em todos os momentos, mas, sobretudo, nos momentos mais difíceis.

A lei que nos rege deve ser a do nosso coração. Somos cristãos, e isso nos torna diferenciados. Não podemos ignorar esse importante detalhe, até porque essa compreensão é adquirida a partir da necessidade que nos motivou a querer mudar. Quando fomos eleitos, assumimos de imediato a função e a responsabilidade de contribuir para a construção do Reino de Deus aqui na Terra, sendo justos, sinceros, transparentes, honestos. Fazemos muita diferença nos planos de Deus.

Não podemos ser exemplo apenas quando alguém nos observa, mas temos de ser cidadãos do próprio Céu, da própria Igreja. Nossa identidade é cristã, católica, apostólica e romana e, a partir das leis de Deus, pelas quais lutamos, devemos fazer repercutir a presença dEle por onde andamos, vivemos e fazemos parte. Antes de qualquer coisa, precisamos admitir que, como cada passo dado, nossa conversão é diária. Não basta viver a emoção de um momento de luz e simplesmente ignorar essa caminhada, devemos renová-la sempre, de modo que fortaleça nossa decisão de ser pessoas iluminadas.

Esses pensamentos passam pela minha consciência toda vez que Deus me permite "salvar" uma vida, "redirecionar" uma história, "dignificar" famílias. É impossível não citar essa instituição tão sagrada, tão importante. Nossa família é nosso porto seguro, e é nela que nossos bastidores de fé acontecem. É nesses bastidores que definimos nossa verdadeira salvação, ou não. Não é dentro da Igreja, não é diante do sacerdote que mostramos o tipo de cristãos que somos.

No entanto, é das portas para dentro, diante da real necessidade humana que eu compartilho que a minha misericórdia, minha paciência, minha mansidão, minha justiça serão exigidas ao lidar com as diversidades.

Viver o Evangelho, testemunhar a Palavra e assumir a ambição de salvar o mundo a partir dos que nos são próximos, essa é nossa verdadeira missão, evangelizando os que não são batizados e cristianizando aqueles que, mesmo batizados, não se encontraram com Deus ainda.

4.1 Quais são meus males e de que tipo de cura eu preciso?

Quem sou eu para mim mesmo? Essa é uma pergunta que frequentemente precisamos nos fazer, até porque a todo momento precisamos ser lembrados de certas responsabilidades, de certas necessidades cristãs. Nós temos sentimentos que às vezes são muitos traiçoeiros, pois abrandam tudo o que nos envolve, tudo o que nos motiva, aquilo que nos agrada ou não; enfim, todo o "combustível" que nos movimenta. Diversos sentimentos em nós precisam ser trabalhados, porque muitas podem ser suas origens: uma alegria, um trauma. Assim, podemos defini-los como situações que nos feriram e que nos fazem sofrer. Minhas dificuldades em administrar uma situação familiar mal resolvida podem despertar um trauma, e este pode me acompanhar e me machucar por toda a vida. Uma discussão com algum familiar, um desentendimento com algum amigo, uma interpretação errada que não encontrou a oportunidade de ser esclarecida, a falta de domínio sobre minha vaidade, meu orgulho, enfim; a Direção Espiritual nos convida a este exercício, que é difícil, porém necessário para as curas dos males que, muitas vezes, ninguém vê — e nós mesmos corremos o risco de demorar para percebê-los. A Direção Espiritual nos envolve, mas não podemos esquecer que é o próprio Deus que age através do diretor espiritual/sacerdote e que, se tudo é possível para nossa mudança, é porque Deus já nos encheu de todas essas possibilidades. As capacidades ocultas em cada um de nós já nos acompanham, e Deus, através do momento de Direção, desperta em nós a observação desses dons. Somos convidados a verificar de forma minuciosa cada setor da nossa existência.

Tenho dado o testemunho verdadeiro e tenho sido, principalmente, verdadeiro comigo mesmo? O único sacrifício que Deus quer para nós é aquele que nos coloca no caminho certo. Tudo isso precisa valer muito a pena, e o sinalizador de que estou na caminhada correta é saber fazer as escolhas corretas. Somos únicos para Deus, por isso nossa caminhada não tem precedentes. Nós somos os autores principais, mas não os donos de todas as certezas. É nesse momento que Deus se manifesta para ser "orientação" de qual estrada escolher e percorrer. Deus verdadeiramente conhece nosso coração e, através de uma entrega sincera, aos poucos vamos percebendo quais são os planos do Pai para nós. Nossas experiências nos carregam de motivos para acreditar cada vez mais que não estamos sozinhos. Deus nos fala através da nossa consciência sobre o que é certo e errado. Corremos a todo momento o risco de desperdiçar nossas energias, nossas forças, por isso precisamos dessa orientação constante: para não padecer nas escolhas erradas e, a partir das escolhas certas, essas que nos aproximam de Deus, alcançar a adesão do discernimento necessário para não errar mais.

Quando eu percebo que estou correndo o risco de perder tudo o que Deus já me deu, preciso urgentemente me render às suas vontades para validar o sacrifício da Cruz. Deus não quer a nossa dor, por isso Cristo morreu por nós. Ele quer de nós a gratidão de reconhecer que, diante de todos os mistérios de fé que nos rodeiam, ao menos parte deles possamos desvendar e então encontrar nosso lugar no mundo.

Não há cristianismo sem reflexão, portanto, nosso testemunho de vida nos faz peregrinos em busca da melhoria constante como pais, irmãos, profissionais, cidadãos, cristãos! Quando sou sincero em considerar qual a qualidade daquilo que vivo, como verdade, como real felicidade, tenho consequentemente a oportunidade de estender minhas expectativas a planos mais ousados, porque minha fé é também um exercício de ousadia. Eu preciso responder a mim mesmo, a todo instante, todo dia: como conseguirei ser o melhor que puder ser hoje? Amanhã os desafios serão outros. Hoje, as particularidades são próprias e específicas daquilo que Deus espera de mim.

Nossas dores têm nossos motivos, mas nossas escolhas devem, sobretudo, oferecer-nos a condição de avaliar o que já deu certo e aquilo que precisamos mudar para nossas futuras experiências.

O cuidado de Deus em nossa vida é fechar portas, e como é difícil entender isso! Nem sempre compreendemos os motivos do "não", mas é assim que Deus nos fecha uma porta para abrir outras tantas promessas. A história não tem fim, até porque a eternidade nos espera: de que modo estaremos prontos para assumir essa condição santa de eternidade? Como é complicado sorrir quando o mundo nos faz chorar, quando o mundo nos responde "não"! Nem sempre conseguimos entender as promessas de Deus num primeiro momento. Administrar isso é, às vezes, o desafio necessário que nos conforta em, mais tarde, compreender que a escolha feita foi a mais acertada. É motivo de superação, de encorajamento para continuar caminhando, para seguir tentando e, claro, vencendo os nossos medos, de entender que para tudo temos e damos um jeito. A sabedoria necessária para esses passos passa pelas experiências dos "nãos" que tivemos ao longo da vida. A partir deles, devemos promover nossas tomadas de atitudes, nossas graças alcançadas. Temos de querer em nossa vida aquilo que de fato Deus quer para nós. Não podemos apenas querer algo, é preciso aceitar aquilo que já está desenhado para nós! Minhas dores não devem ser motivo de sofrimento, elas precisam ser devidamente trabalhadas, são estágios para a minha renovação, para minha fortaleza, para minha aprendizagem. Tudo é presença de Deus na nossa vida. Ele é nosso melhor amigo e, antes de nos apontar as nossas mazelas, nos mostra quanto nos ama, mesmo no "não", mesmo nas limitações.

Uma vida norteada por princípios de fé nos faz olhar situações que contrariam nossas vontades como meios encontrados por Deus para nos dizer certas coisas. Não podemos entrar em desespero, devemos, na singeleza da espera, aguardar e confiar. Deus quer o nosso bem e o nosso melhor, e isso deve ser o suficiente.

Entre minhas compreensões humanas e minhas fragilidades, devem prevalecer as minhas "certezas" de que, com Deus, estou protegido, estou acalantado, estou munido do que me é necessário para seguir em frente. Tenho de continuar preferindo os milagres de Deus na minha vida em detrimento de deixar que as coisas do mundo sejam ou continuem sendo maior influência. Grandes tragédias acontecem a partir de pequenos descuidos, do mesmo jeito que a partir de grandes tragédias se percebe a vida sobre situações de morte.

Deus é vida, Deus é amor. Sua graça deve nos bastar porque, acreditando nessa verdade, já demos o primeiro passo para a realização dessas mesmas promessas em nossa vida e, consequentemente, na vida dos que nos cercam.

4.2 De que forma os problemas me prendem e do que quero me libertar?

Qual a importância que eu dou para esses mesmos problemas? Quais são os meus focos diante daquilo que de fato preciso, pretendo ou "quero"? Não há outra forma de chegar a Deus senão de joelhos dobrados. Ser cristão não significa ser "bobo", mas ter a oportunidade de, ao deitar para o nosso descanso cada noite, cada dia, poder fazê-lo com a devida paz na consciência e com a certeza de termos sido o melhor que podíamos ser naquele dia, naquelas situações vividas. Esse exame de consciência é, na verdade, a análise que somos convidados a fazer constantemente: está valendo a pena ser quem eu sou? No que preciso mudar? Em que estou acertando? Nossa mãe, Maria, já nos alertava que devemos fazer tudo o que Jesus nos disser e, quando nos propomos a essa fidelidade, tudo o que pode dar errado é consertado pelas mãos de Deus. Tudo o que eu faço chega como presença de Deus na vida dos outros, por isso, não podemos escolher de qualquer jeito, não podemos viver de qualquer forma. Quando paramos para pensar, se não fosse pela presença e pela ação de Deus, nada justificaria estarmos onde estamos hoje. Nossas realizações só aconteceram conforme o esperado porque Deus também quis assim. O cuidado está em entender que nossos problemas não são maiores do que Deus e não há mais necessidade de argumentos ou de motivos, temos que deixar Deus ser Deus em nossa vida. Nossa salvação depende disso. Não podemos pensar na quantidade. Deus pensa em qualificar cada um de nós. Nossa pretensão deve ser a de salvar outras vidas também, mesmo que poucas, ainda que seja apenas uma, ser sinônimo de cura na vida do próximo faz já valer a pena anunciar a Boa-nova de Cristo. Somos guardiões da nossa alegria, e esta deve ser para nós doação, ajuda, paciência na vida daqueles que mais precisam. Nossa tristeza não deve ser maior que nossos sorrisos. Quero e preciso me libertar de tudo aquilo que me afasta de Deus.

O problema não é chorar, mas achar que nosso sofrimento é o fim último de tudo. "A alegria do Senhor seja a nossa força!" Esse deve ser o título da nossa luta, sobretudo porque não é possível ser cristão sem perseguição, sem batalha, sem luta, sem dor, mas, quando o fazemos por motivos do Alto, além de valer a pena, nos aproximamos daquilo que Deus espera de nós.

Deus tem uma capacidade enorme de acreditar nos desacreditados, nos mais "fracos", nos menos "potenciais". Faço parte desse grupo! Uma de nossas pretensões é justamente aproximar a Palavra de Deus desses que já não mais acreditam. Às vezes, nos faltam algumas certezas, pois é no campo da dúvida que outras possibilidades se manifestam, e nesse momento corremos o risco de fazer as escolhas erradas. Deus é na minha e na nossa vida "artesão de sonhos", é Ele quem acredita quando nem nós mesmos acreditamos, é Ele também que nos fortalece quando queremos desistir, quando queremos parar, é Deus que está à nossa frente com as mãos estendidas, nos chamando ao seu lado, porque é juntos que devemos estar. Deus nos cura das nossas enfermidades, cessa nosso sangue derramado, enxuga-nos o suor do esforço exagerado, também nos acolhe com um abraço naquele momento em que menos merecemos. Precisamos arrancar de nós as "doenças" que nos fragilizam a fé. O Evangelho deve ser nossa "cartilha", devemos anunciá-lo de maneira nobre, não através de oratórias notáveis, mas da nossa simplicidade.

Às vezes, o que a pessoa ao meu lado precisa não excede o gesto de um abraço, não vai além de um sorriso nem de um aperto de mão. Hoje eu ajudo, amanhã sou eu quem necessita de ajuda. Precisamos entender que não nos tornamos Cristo na vida do outro, mas quem O indica. Deus é quem realiza a obra, somos apenas aqueles que O apresentam a todos os que mais precisam, aqueles que são "marginalizados", esquecidos, esses que nem sempre são lembrados, porque Deus não se esquece de nós, nunca!

O senhor esteja convosco.

Ele está no meio de nós.

Proclamação do Evangelho de Jesus Cristo...

Palavra da Salvação!

5. Um encontro comigo mesmo
e a descoberta dos dons em meio às minhas misérias

A cada Santa Missa, necessariamente, nós nos tornamos homens e mulheres melhores. "É um primeiro passo necessário." Nesse momento em que nos reunimos e nos apropriamos da Palavra, os efeitos dessa experiência são particulares. Os conflitos que nos circundam são "termômetro" que mensura com que dinamismo e qualidade de fé temos lidado com as adversidades. Somos também seres espirituais e, para tanto, precisamos de uma organização para lidar com todas as áreas da nossa vida, ou seja, nos campos de ordem emocional, acadêmica, política, espiritual, financeira. Quando o pecado nos acomete, pode ser devastador em qualquer uma dessas áreas! Mesmo que nem sempre definamos dessa forma, várias são as ocasiões em que podemos recomeçar.

O amor de Deus com relação à humanidade não tem limites. Uma série de projetos pessoais nos preenche com expectativas, com esforço para que aconteçam da melhor forma possível, mas o princípio dessa realização é saber priorizar: Deus deve ser minha preferência sempre!

Em várias ocasiões, pedimos orientação, auxílio espiritual, intervenção sacerdotal e, depois de tantas e todas as iniciativas, nem sempre os resultados esperados são alcançados. O porquê é claro: minha organização espiritual passa pela minha organização familiar, pelas minhas reorganizações em todos os segmentos da vida. Ser cristão não significa ser conivente ou ainda passivo diante de tudo e todos, mas agir com autonomia perante cada situação a ser resolvida. O diferencial é deixar Deus ser Deus em nossa vida! Com esses detalhes, muitas construções e planos começam a sair do campo teórico e tornam-se parte concreta de uma realidade que, de todas as maneiras, passa a ser habitada pelo Espírito Santo. O paralelo que precisamos estabelecer é o entendimento prático de que somos instrumento para os planos de Deus, e Sua graça nos basta. O projeto de salvação é cada passo dado nesta vida e, evidentemente, qual foi e como tem sido nossa obediência com relação, por exemplo, aos mandamentos de Deus.

5.1 Por que é tão difícil estar diante de mim?

As pessoas que fazem parte do nosso convívio nem sempre têm um parecer correto sobre nós: uns nos colocam melhores e outros nos propõem piores do que realmente somos, e isso é impossível de controlar. O certo se faz em realmente nos autoanalisarmos como homens e mulheres e reconhecermos o que precisamos mudar sem perder a compreensão do valor que já temos. A dificuldade, justamente, é lidar com nossas limitações, nossos erros, nossas faltas e imperfeições sem saber exatamente como. Deus não nos quer sofrendo; para tanto, já houve o sacrifício da Cruz. Ele espera de nós misericórdia. Ele nos escolheu limitados, não são as qualidades estereotipadas humanas que são critérios para a salvação, mas Deus espera de nós uma postura de superação, paz, amor, compaixão e solidariedade ao próximo, de poder contar conosco como instrumento de salvação e também de Sua revelação.

Como gostar de mim mesmo? O que tenho de tão atrativo para Deus? Precisamos ter o discernimento para entender que nossa realização pessoal é um detalhe diante de nossa realização em comunidade, em sociedade. Nossos afazeres são carregados de sentido e espiritualidade, e é nos detalhes que conseguimos, muitas vezes sem nos dar conta, levar a Palavra de Deus aonde ela ainda não chegou. Muitas vezes nos ferimos com as atitudes e as palavras daqueles que nos cercam, mas não podemos permitir que essas coisas nos machuquem. Vivemos num processo de administração de curas constantemente. Quando reconheço os demônios que me habitam, eu os acorrento, os aprisiono. Assim fica menos difícil estar diante de nós mesmos: através do reflexo do que somos primeiro para nós, depois para o outro. Quando me procuro em meio às minhas imperfeições, eu me acho com mais facilidade, e é assim que deve ser, principalmente porque precisamos estabelecer conosco e com Deus uma relação de sinceridade. Nessa busca permanente, em geral, somos nossa maior censura, e isso carrega alguns cuidados: não posso exigir de mim aquilo que não posso oferecer, mas tenho a obrigação de buscar sempre oferecer mais e mais. "A quem mais é dado, mais é cobrado." Essa sentença é uma verdade carregada de significados. Precisamos urgentemente quebrar o elo das correntes que nos limitam rumo à descoberta da Palavra, das nossas capacidades e dos nossos talentos escondidos, adormecidos, mas o que faz a diferença é que eles já habitam em nós. Minhas dificuldades não podem nem merecem ser mais importantes do que o meu potencial.

É assim que Deus nos enxerga: como criaturas únicas, capazes de refletir sobre a vida e sobre as nossas ações, assim nos tornamos distintos dos outros animais. Por isso, muito é cobrado de nós, porque temos possibilidades de evoluir. Deus nos vê como promessas, como expectativas, com posturas coerentes diante da vida. A isso chamamos de sabedoria, essa análise de como temos vivido e em que podemos melhorar. Devemos quebrar o senso comum, ou seja, pensar maneiras diferentes de fazer as mesmas coisas. Fazer da nossa história um testemunho digno de ser anunciado. Todos nós que nos sujeitamos a seguir os passos de Jesus temos de estar dispostos à reflexão diária, de modo a garantir o compromisso com nós mesmos.

Quando me proponho a ajudar o próximo de todas as formas, também me alimento de instrumentos que me serão úteis na solução das minhas dificuldades. Precisamos esperar um tempo que nem sempre nos pertence. O tempo de Deus em nossa vida serve como meio para o amadurecimento da nossa maneira de lidar com dificuldades e, consequentemente, com a solução delas. O mais importante não é o que fazer exatamente, mas como fazer.

Nossa primeira peneira, quando decidimos algo, é a da importância dessa escolha em relação à nossa obrigação profética: levar Deus conosco a todos os lugares a que formos e dos quais fizermos parte. Muitas vezes em nossas vidas carregamos "fardos" e "sentimentos" desnecessários, e o maior risco que corremos é o de nos acostumar com isso. Deus não quer nosso sofrimento nem nos ver tristes. Precisamos nos renovar neste mundo de sensações que nos habitam e devemos ser responsáveis por uma faxina constante em nosso coração. Amor e ódio não ocupam o mesmo espaço. A diferença é que, quanto mais amamos, maior se torna nossa capacidade amar; já o ódio nos impede de nutrir esse dom.

5.2 Como superar meus medos e ser o melhor que eu puder ser?

É bom demais pedir perdão, melhor ainda é ser perdoado por Deus. Esse processo se assemelha a um livro: cada página virada é uma nova história, e consigo dar continuidade a ele, mais consciente e da melhor forma possível! Temos tanto a agradecer, o dom da vida já nos resume motivos de sobra para dar graças a Ele. Precisamos percebê-Lo através dos detalhes, do Sol, da natureza, das pessoas, de todos os seus sinais manifestados. Somos anunciadores da Boa-nova e denunciadores das "coisas erradas". Como cristãos, não devemos ser omissos; para tanto, precisamos assumir nossa "participatividade" também nas questões de ordem social. Viver em sociedade é difícil, é um desafio. Mais uma oportunidade para reconhecermos que precisamos do outro, unicamente porque não detemos todos os dons. É fato questionarmos: como me relaciono com os meus? Como administrar o conflito? O sofrimento é humano e não podemos desistir. Somos chamados por Deus para ser instrumentos de vida, não de morte. O falso testemunho é instrumento de morte, a mentira é instrumento de morte, a revolta e a falta de perdão são instrumentos de morte, a preguiça, a falta de vontade de viver, a descrença na solução dos problemas que muitas vezes temos, enfim, todas essas e muitas outras realidades são tristes contextos de morte. Morremos aos poucos e não nos damos conta de que todas essas dificuldades podem se transformar em soluções, em instrumentos de vida. É na diversidade que o Espírito Santo se manifesta. Já imaginou se todos fôssemos padres? Cantores? Leitores? Instrumentistas? Deus nos quer com os dons que nos foram confiados. Pelo fato de sermos diferentes, nós nos completamos, e é essa a nossa participação como instrumento de Deus. Ser a solução na vida do outro e permitir que o outro também seja luz no nosso caminho. Não podemos ter medo diante de uma nova possibilidade, é na porta desconhecida que posso encontrar aquilo que tanto tenho buscado, aquela realidade pela qual há tempo espero.

Boa parte dos problemas que temos são nossas próprias criações! Se entendermos que somos "senhores" da nossa história, nós nos veremos com mais responsabilidade, e isso, tendenciosamente, vai nos fazer enxergar a vida de outro jeito, sob uma nova óptica. Se nosso irmão estiver ou entrar numa situação de pecado, devemos, e temos a obrigação de, corrigi-lo, mas em particular.

Por outro lado, será que damos a abertura necessária para as correções de que precisamos e das quais dependemos? Como nosso Pai, Deus se manifesta por meio de nós? É importante que tenhamos a compreensão de que Deus nos escolheu! A palavra de ordem é "mudança". Temos a humana dificuldade de estagnar nossas relações, e, às vezes, nossa relação com nós mesmos nos limita, tira-nos de uma condição que na verdade nos pertence, mas que ainda não conseguimos alcançar. Em que medida temos vivido a mudança em nossa vida?

Será que já me dei conta de que eu posso e, principalmente, mereço e tenho condições de um pouco mais? Se eu não me cuido, como posso cuidar do outro? A reciprocidade é um critério para que as manifestações de Deus aconteçam em nossa vida. O cristianismo passa pela nossa experiência prática, pelas vivências que temos e estimulamos. É fato considerarmos que ser cristão significa ser diferenciado. Por onde caminhamos, nos lugares que frequentamos, em nosso ambiente de trabalho, em nossos grupos de convivência, precisamos ser e representar o testemunho da nossa fé. Deus precisa de nós em honestidade. Sou "eu" quem decide entre vencer ou perder! Qual a escolha que fazemos?

Há quantos anos tenho me arrastado em minhas misérias sem a capacidade de percebê-las? É missão da Igreja nos revelar para nós mesmos. Deus quer o nosso bem o tempo todo, mas precisamos dar passos concretos em direção a esse bem, a esse sonho que Ele tem para nós. Nosso processo de mudança se inicia quando percebemos e admitimos quanto e como precisamos mudar. Há sempre algo em nós que precisamos selar com a fidelidade e com o compromisso assumidos não com o outro, mas com nós mesmos. Eis a primeira mudança: precisamos nos valorizar e nos amar, sobretudo porque não podemos oferecer aquilo que não temos. O enfrentamento dos nossos medos é um passo necessário para que nos livremos das nossas dificuldades. Devemos deixar o passado passar. Existe uma dor, existe uma questão mal resolvida. O que posso e devo fazer para cessar ou minimizar tudo isso que me faz mal, que me machuca? Somos nós os primeiros responsáveis por "virar" algumas páginas e nos dar conta de apreciar outras novas e belas histórias.

Para sempre seja louvado!

Louvado seja Nosso
Senhor Jesus Cristo!

6. *Quem precisa ser dirigido* e qual o momento certo de pedir ajuda?

Não é tão simples admitir que precisamos de ajuda. Esse reconhecimento, carregado de humildade e sinceridade, faz-se muito importante, visto que, a partir dele, não só reconhecemos que alguma coisa falta em nós, mas, principalmente, que o que temos, o que somos já nos torna distintos. A alteridade necessária para o exercício das relações humanas é a base certa para nos reconhecermos no outro e abraçar sua importância. Muitas são as vidas transformadas a partir dessa certeza que, confesso, não é simples. Uma das muitas conclusões que posso tomar a partir das direções espirituais de que tive a oportunidade de participar é que do território da dor brota vida nova e que nos momentos mais difíceis que passamos é que encontramos, muitas vezes, as respostas que há tempos buscamos. A vida é cheia de contrários, e não podemos nos convencer com qualquer situação. O amor nasce das minhas dificuldades, e a luz que procuro está na "escuridão" que me assola nos momentos de maior provação.

A partir das nossas experiências de vida, vivemos nossa maturidade de fé ao compreender que nem tudo o que pedimos a Deus nos é oferecido, não porque não seja a "vontade" dEle, mas por ser algo que, muitas vezes, depende da nossa própria caminhada, de nossas escolhas, nossa própria iniciativa para decidir como queremos viver, por exemplo. O extraordinário nasce a partir do momento em que passamos a enxergar a experiência humana com o alinhamento de nossas metas, nossos objetivos, tudo isso ligado ao que "quero para mim". Quero dividir uma história que revela um pouco de tudo isso, uma palavra nova por dia, um passo novo a cada desafio, uma vida nova a cada situação, de dor ou não, superada.

Uma luta contra a depressão

Minha depressão começou quando minha mãe faleceu, nós éramos muito unidas, ela era meu porto seguro. Sem ela eu me sentia um barco à deriva, sem rumo. Precisei mudar de casa, deixar tudo para trás: deixei os pertences da casa para outras pessoas. Foi muito difícil. Fui morar com meu irmão e sua família. Só pensava em cuidar do meu pai. Mas eu não sabia o que era depressão, a tristeza que eu sentia. Eu tinha um marido maravilhoso, meu comércio, uma vida confortável; eu conversava com Deus e perguntava os "porquês" daquela tristeza e pedia perdão por me sentir assim.

Comecei a me tratar com uma psicóloga. Busquei ajuda também com o padre Gean, através da Direção Espiritual, que, aos poucos, foi me orientando para melhorar toda aquela situação. O primeiro passo foi estar sempre com o pensamento em Deus, por mais que não estivesse com vontade de rezar, eu me esforçava um pouco. O segundo, cuidar de mim mesma, mudar minha aparência, mudar o cabelo, corte, cor, enfim, ir melhorando a autoestima nessa fase. Mesmo me sentindo desanimada, fiz tudo isso, mudei o jeito de me vestir. Eu fui tomando gosto em querer melhorar.

Em uma das conversas com meu diretor espiritual, fui convencida de que minha mãe e meu pai já tinham cumprido sua missão e eu tinha de aproveitar tudo o que de bom estava acontecendo. Foi uma "sacudida" maravilhosa. A pedra para ser lapidada sofre vários cortes e também passa pelo fogo, até chegar ao ponto ideal.

Uma vez eu perguntei ao meu diretor espiritual, o padre Gean, se eu era tão desobediente a Deus para estar passando por tudo aquilo, porque não conseguia melhorar da angústia que sentia. Na hora ele não me deu uma resposta definitiva. Olhou para a cruz que estava na parede atrás de mim, que por sinal eu não tinha visto até então, e essa foi a resposta daquele momento. Um dia, assistindo à Santa Missa, na hora da Consagração, o padre Gean me perguntou se eu tinha ideia de tudo o que Jesus fez e faz por mim todos os dias. Esse fato me deu uma imensa alegria no coração. Essa resposta foi maravilhosa.

Quem passa por depressão precisa brigar consigo mesmo, procurar ajuda e, o mais importante, estar sempre com Deus no coração!

Não deixe a depressão dominar você. Domine-a!

(PATRÍCIA)

Superação é a palavra que resume a realidade de quem consegue se perceber importante para Deus e, mesmo diante da descrença em si, se lança a novos desafios. Que outra maneira podemos usar para explicar esses e outros tantos exemplos senão como tendo Deus como nosso cuidador, como nosso pai que cuida de nós principalmente quando mais precisamos?

A vida é um dom sagrado que merece cuidados. É um erro pensar que os autocuidados que temos e precisamos ter são desnecessários. Precisamos reconhecer nossos dons e para isso precisamos estar bem com nós mesmos. Cada sorriso deve expressar a importância que tenho para mim mesmo e para o outro. O testemunho do outro pode ser a solução para a minha dor, e por isso é tão importante nos colocarmos abertos e acolhedores.

6.1 Onde estou? E aonde quero chegar?

É sempre bom e muito gratificante perceber que, quando acreditamos, as realizações se tornam menos difíceis. A cada vida resgatada, em cada coração confortado, na reconciliação e no sorriso que brota da dor é que encontro os porquês que me fazem, insistentemente, confiar cada vez mais nos talentos e na capacidade humana. Nós nos surpreendemos a cada dia e nos convencemos de que a vida é o maior dos presentes que Deus nos deu, gratuitamente. Qual é o uso que temos feito desse bem? Como podemos ser gratos?

Evito circunstâncias que gerem algum tipo de influência fora deste processo que é a Direção Espiritual e busco considerar a reciprocidade como ferramenta para nortear cada momento de direção. Os resultados são próprios de quem, na dor, busca ajuda. Meu papel é o de despertar o indivíduo para essa realidade que, na verdade, constitui matéria-prima "invisível" no dirigido. É gratificante perceber a reconstrução do ser humano a partir de suas forças e de seus esforços e, sem sombra de dúvida, é nesse momento que se tornam mais evidentes as manifestações da graça de Deus. "Quando não sei aonde quero ir, qualquer lugar serve", por isso preciso de um "norte", de um referencial que me aponte o melhor caminho. Não posso ter pressa para apreciar os detalhes de cada decisão tomada, as circunstâncias podem e fazem toda diferença. É impossível que nós, mesmo numa situação de dificuldade, não reconheçamos a presença de Deus à nossa volta e, nesse sentido, resgataremos os passos que dEle nos aproximam.

"O que eu vou ser quando crescer?" e "Quais são os meus sonhos?" não são apenas questionamentos de ordem existencial, mas reflexões que devem ser feitas para o nosso aprofundamento espiritual. Não sabemos quanto tempo nos resta, por isso o momento de conversão é agora. A primeira experiência com Deus é feita a partir disto: conversão do nosso coração! Vida nova em todas as suas dimensões e variáveis. Quando eu me proponho a um "renascimento", necessariamente (re)direciono toda a minha vida e a das pessoas que são próximas. Um bom cristão é, e deve ser, um bom cidadão, daí a compreensão de que nossa vida é um contexto que precisa estar em harmonia: a vida financeira, pessoal, profissional, afetiva, social, religiosa! Ser um profissional de sucesso, um cidadão participativo na comunidade, ser alguém bem resolvido financeira e amorosamente são escolhas que passam pelas decisões que tomamos.

Quanto tempo mais eu preciso para entender que eu não sou nada longe de Deus? A resposta dessa pergunta dá rumo para as outras respostas necessárias. Se eu nem sei qual caminho devo seguir, devo ter pelo menos a certeza de onde quero chegar! Não precisamos ter pressa, e, sim, critérios para a nossa caminhada cristã. Nossa sabedoria está sendo construída à medida que nos permitimos ser "corrigidos". Somos vencedores em Cristo e precisamos assumir a verdade desse fato, principalmente quando essa realidade, para mim, para nós, é um presente de Deus.

6.2 O reconhecimento da ajuda é o primeiro passo para aceitá-la

Alguns vão entender como ajuda, outros como uma espécie de "manual", mas, sempre reforçando o intuito que de fato a justifica, a Direção Espiritual é uma iniciativa preventiva, uma tentativa riquíssima de reverter realidades tristes e conduzi-las ao contexto de paz. A paz hoje para nós é muito cara. Com muita alegria, tenho a oportunidade de receber várias devolutivas quanto ao bem e às maravilhas que puderam ser conquistadas após a experiência da direção. É como se pudesse ter cumprido, a cada ser humano assistido, a cada lágrima cessada, a experiência da "ressurreição" dentro da mesma oportunidade que temos de (re)começar. Quando viramos a página do livro da vida, nós nos damos a chance de viver novas realidades, de ter contato com novas maneiras de enxergar as mesmas coisas, de enxergar que, para receber qualquer tipo de ajuda, eu preciso admitir que preciso dela. Não se faz uma Direção Espiritual quando não se estabelece um tratado de confiança, quando não se percebe, dos dois lados, a vontade de recomeçar e continuar. O mais incrível é que somos a nossa própria solução e, quando não podemos mais sozinhos, permitimos a atuação do diretor espiritual, que, movido pela ação do Espírito Santo, mostra-nos aquilo que em determinado momento não podemos ou não conseguimos ver. Quero dividir uma história que pôde ser reconduzida com a insistência do dirigido e, principalmente, com a confiança estabelecida com o diretor espiritual. Muitos vão se identificar com este testemunho, e é esta a intenção: a de que nos sintamos convidados ao desafio de mudar hoje, agora, melhorar nossa vida, não para os outros, mas principalmente para nós mesmos — por conseguinte, todos os nossos ganham. Um relato que envolve emoção, desespero e um vestígio de certeza em meio a uma realidade de total descrença. Reviver essa experiência me dá a certeza do dever cumprido como sacerdote e diretor espiritual.

Direção Espiritual

Conhecer a Direção Espiritual foi maravilhoso, pois não sabia que ela existia e quanto poderia mudar minha vida.

Lembro-me do primeiro dia em que cheguei até o padre Gean e fui despejando tudo o que estava me incomodando de uma só vez, coloquei meus problemas e minhas angústias sem vírgula nem ponto.

A primeira vez, como não sabia como deveria agir, fui falando tudo de uma só vez, mas logo em seguida o diretor foi me ensinando e conduzindo de maneira para melhor entendimento de ambas as partes.

No começo, como existiam muitos problemas, começamos a marcar nas datas mais próximas, às vezes de quinze em quinze dias. Conforme fui melhorando espiritualmente, as datas foram se espaçando mais, uma vez por mês, e assim por diante. Às vezes, surgia alguma situação com que eu não sabia exatamente como lidar e sentia a necessidade da Direção Espiritual, então marcava de imediato.

As primeiras vezes foram marcantes, nunca imaginei que as palavras ditas naquele momento fossem de suma importância para minha vida, na verdade fui transformada em um ser humano melhor.

Vou citar como eu era antes da Direção Espiritual

Eu tinha uma cabeça de moleca, cheia de fofocas, insegura, sem rumo na vida. Até pela profissão que exerço, cabeleireira, atraía muita energia ruim pelo fato de trabalhar com mulheres e sempre ouvir o que não queria. Às vezes, fofocas, outras vezes, problemas particulares. Ficava muito abatida e muito nervosa por não saber como lidar com os fatos, não podia deixar de atendê-las porque precisava do dinheiro, mas era difícil ouvir tanta bobagem.

Então, participando da Direção Espiritual, fui aprendendo a lidar com essas situações e com várias outras. Colocando tudo em seu devido lugar sem precisar ofender nem magoar as pessoas, como eu fazia antes. Se eu tivesse problema com alguém, deixava de falar com essa pessoa e, às vezes, até maltratava. Totalmente ignorante, cega, egocêntrica, infantil e várias outras péssimas qualificações para meu comportamento.

Com relação a minha mãe

Desde a infância eu criei muitas mágoas com relação a minha mãe. A gente não se dava muito bem e isso foi crescendo junto comigo, chegava a me sufocar. Até minha profissão ela queria escolher, e eu não tinha paz no meu coração por esse motivo: porque não fui o que ela queria.

Apresentei essa situação na Direção Espiritual e fui conduzida de uma forma maravilhosa, o diretor me disse que eu não deveria ser o que minha mãe desejava, pois ela já havia escolhido seu caminho, e eu deveria escolher o meu. Não seria justo eu deixar de fazer o que gosto somente para agradá-la. A partir dessas palavras eu me senti tranquila e em paz, nunca mais deixei que as palavras de ofensa da minha mãe me afetassem e a nossa relação melhorou muito. Comecei a tratá-la de uma forma melhor e a entender que o sonho dela era que eu fosse o que ela gostaria de ter sido, mas eu não poderia fazer isso, pois tenho meus próprios sonhos.

Hoje tenho uma conquista que nunca imaginei alcançar, tenho uma formação acadêmica e jamais pensei que a teria um dia, pois estava fora do meu alcance, mas, graças ao diretor espiritual, consegui realizá-lo.

Com relação ao meu trabalho

Com relação às fofocas e ao tratamento com as clientes, melhorou muito. O diretor espiritual disse que eu dependia do meu trabalho, que as pessoas não são iguais nem como eu gostaria que fossem. Por esse motivo, eu deveria pensar em uma forma de lidar com essa situação. Poderia começar substituindo as fofocas por palavras abençoadas, porque eu sou uma pessoa que frequenta uma igreja e até a Direção Espiritual, então deveria fazer a diferença. Com calma e as palavras da Direção fui melhorando o meu ambiente de trabalho.

Inclusive, ao apresentar a Direção Espiritual às minhas amigas e clientes, elas próprias observaram minha mudança, e surgiu a curiosidade de saber o que estava acontecendo. Então percebi que minha mudança havia transformado também quem estava ao meu redor. Isso foi maravilhoso, pois muitas bênçãos aconteceram na minha vida e, consequentemente, na vida de quem estava ao meu lado.

O que realmente muda na gente é a forma de ver as coisas, e assim mudam também tanto as pessoas como o nosso próprio comportamento. Achamos que não temos defeitos e só vemos o defeito do outro, mas a Direção Espiritual nos faz ver a realidade de quem também erra; não somos perfeitos. E, a partir do momento em que vemos nossas falhas, temos uma chance de nos tornar pessoas melhores e, sendo transformadas, podemos transformar o outro.

Na verdade, somos um espelho: devemos refletir coisas boas para que essas mesmas coisas boas venham sobre nós.

Concluindo

Observei que, com o aprendizado que obtive na Direção Espiritual, melhorei meu modo de lidar com as situações do dia a dia, com maturidade, paciência, respeito e entendimento de que não somos iguais. Hoje minhas palavras e meu modo de agir são totalmente guiados por Deus, que um dia colocou o abençoado padre Gean em minha vida, que, como diretor espiritual e na unção do Espírito Santo, fortalece-nos cada dia mais.

Não me vejo mais sem a Direção Espiritual.

(LUCIANA TEIXEIRA)

Creio em um só Deus, Pai
Todo-poderoso,
criador do Céu e da Terra,
de todas as coisas visíveis e invisíveis.
Creio em um só Senhor, Jesus Cristo,
Filho Unigênito de Deus, nascido do
Pai antes de todos os séculos.
Deus de Deus, luz da luz,
Deus verdadeiro de Deus verdadeiro,
gerado, não criado, consubstancial ao Pai.
Por Ele todas as coisas foram feitas.
E por nós, homens, e para
nossa salvação,

desceu dos Céus e se encarnou pelo Espírito Santo, no seio da Virgem Maria, e se fez homem.
Também por nós
foi crucificado sob Pôncio Pilatos,
padeceu e foi sepultado.
Ressuscitou ao terceiro dia, conforme
as escrituras, e subiu aos Céus, onde está
sentado à direita do Pai.
E de novo há de vir, em Sua glória,
para julgar os vivos e os mortos;
e o Seu Reino não terá fim.
Creio no Espírito Santo, Senhor que dá a vida
e procede do Pai e do Filho;
e com o Pai e o Filho é adorado e glorificado;

Ele que falou pelos profetas.
Creio na Igreja, una, santa, católica e apostólica. Professo um só batismo para a remissão dos pecados, e espero a ressurreição dos mortos e a vida do mundo que há de vir.

Amém.

7. De onde vem

a motivação do diretor espiritual?

Não podemos desperdiçar os dons que Deus nos deu. Precisamos ferir nossas rotinas, dar-nos a oportunidade de avançar, de ser melhores. Nada nos vem fácil, mas no sacrifício de cada escolha. Não podemos passar a mão na nossa cabeça. O campo da autopiedade nos limita. Precisamos equalizar nossas fragilidades com os motivos que temos, com Cristo, para vencer qualquer obstáculo. Sua redenção nos permite uma nova fase. Temos a oportunidade, apesar das nossas fraquezas e defeitos, de dar um passo para uma nova natureza, a caminho de um ser humano melhor.

Jesus nos chama, a questão é que nem sempre damos atenção ao que nos é proposto. Não precisamos que nos lembrem de que pouco podemos sozinhos. Precisamos, sim, enfatizar que Deus está na direção da nossa vida e que com Ele "tudo podemos", na certeza de poder desfrutar de quem realmente somos, sem acréscimos, sem economias, mas com a verdade de quem acredita realmente que Cristo vive e reina para sempre e está no meio de nós.

Ele está nos detalhes de poder ter, diante do acompanhado, nas angústias, a recuperação da vida que recomeça a partir da experiência com Cristo e seus ensinamentos.

É fundamental perceber que as coisas começam a acontecer de acordo com os sonhos que já sonhamos, mas, principalmente, de acordo com o que o próprio Deus tem para nós. Ser "grande" significa ser humilde, significa caminhar sem pressa, amar o próximo e a si mesmo, semear a Palavra de Deus naqueles que mais necessitam dela. A recompensa é em espécie distinta. Está na palavra certa dirigida aos que dela precisam e no momento certo, para que Deus possa agir em nosso coração, na nossa vida, através do diretor espiritual, através do dirigido, mas, inesgotavelmente, através da ação do Espírito Santo.

A ação de Deus acontece de maneira bastante natural em nós a partir dos momentos em que O aceitamos. Ser presença de Deus na vida do outro é um privilégio. Ser sorriso em meio à tristeza de quem busca ajuda é uma recompensa. Estar diante das dúvidas e poder auxiliar no encaminhamento de "certezas" é uma recompensa. Quando perdemos o sentido da vida, deixamos de lutar, assim, assumimos nossa derrota. Se Deus não desiste de nós em nenhum momento, que direito temos de nos desgarrar do maior dos dons que temos: nossa vida?

Às vezes, idealizamos situações faraônicas, mas isso não é o mais importante. Cada realização e cada conquista que nos é oferecida deve ser o retrato da nossa alma, dos nossos sentimentos de conquista. O que é importante para mim deve estar em consonância com o que se espera de mim como cristão. Não podemos nos limitar somente à conquista dos bens materiais, que nos confortam, que nos dão autonomia, que nos acomodam. Temos esse direito, mas não podemos perder de vista que nossas buscas transcendem o plano palpável, visível. Quando entendemos que não merecemos o mínimo, passamos a buscar a sabedoria para, primeiro, entender nossa fé: aquilo que nos movimenta muitas vezes em meio ao desconhecido e, sobretudo, através dele.

"O que nos move é o que nos é ausente" (Padre Fábio de Melo). Com relação ao que temos diante do que podemos ter e ser, cabe-nos o entendimento de que ainda, e felizmente, temos muito a contribuir para a realização dos planos de Deus.

O que conheço de Deus são as pegadas de sua ausência! Uma característica que deve ser muito presente em nossa vida é a simplicidade. Ser simples significa ter a capacidade de apreciar os muitos detalhes que nos cercam e, diante deles, perceber a presença de tudo o que é sagrado.

Nem sempre precisamos tratar como problema aquilo que, num momento particular da nossa vida, torna-se uma dificuldade. Esta pode ser por conta de qualquer falta, mas, quando nos dispomos ao novo, nós nos sujeitamos também a descobrir aquilo que ainda não conhecemos e, muitas vezes por falta dessa iniciativa, deixamos de viver a misericórdia de Deus. Todo esse contexto de vida e de transformação se reserva como resposta à pergunta inicial: é essa a motivação que impulsiona o diretor espiritual no cumprimento e na continuação de sua tarefa, quando percebemos que podemos aproximar os nossos de Deus.

Reorganizando minha vida financeira

Tenho 39 anos, trabalho há sete anos em uma grande empresa em São Paulo. Sou solteira, moro com minha família e terminei em outubro de 2013 a minha tão sonhada pós-graduação em Logística. É com muito orgulho e muita satisfação que dou meu depoimento de como minha vida mudou para melhor depois que comecei a frequentar a Direção Espiritual e a confissão com o padre Gean, o diretor que me acompanha.

Meu salário é bom, e eu andava com a vida financeira toda torta havia alguns anos. Devia no cartão de crédito e tinha uns 10 cheques devolvidos na praça. Estava com meu nome sujo no SPC e no Serasa e também não estava mais pagando o dízimo. Procurei a confissão e a Direção Espiritual depois de ter ouvido uma homilia do padre Gean em que afirmava que ser católico, ser cristão é também honrar com as contas, não dar calote na praça.

O diretor espiritual percebeu a minha angústia, parecia que eu não ia conseguir resolver os problemas, estava sem rumo. Mas ele, com toda paciência e sabedoria, me deu vários conselhos, inclusive a não usar mais o cartão de crédito, e me deu um objetivo para cumprir. Estávamos no início do ano, o desafio era liquidar todas as dívidas até o final daquele ano. Montei uma planilha e o diretor espiritual foi me acompanhando mês a mês no desenrolar da estória, na Direção Espiritual. Retornei para a igreja, voltei a pagar o dízimo e minha vida foi melhorando a cada dia.

Consegui resgatar todos os cheques, levei-os ao banco e limpei o meu nome dos órgãos de proteção ao crédito. Quando consegui liquidar todas as dívidas, fiquei muito feliz.

O resultado é que comecei a poupar no banco e hoje consegui comprar o meu primeiro carro automático.

Agradeço a Deus e ao meu diretor espiritual por terem me ajudado.

Continuo frequentando a Direção Espiritual. No começo deste ano quase me deram uma rasteira, mas através da igreja consegui me reerguer.

Obrigada, padre Gean, por tudo e com muita alegria hoje posso afirmar que sem Deus não somos e não fazemos nada. O dízimo faz parte da minha vida, pois agradeço a Ele o trabalho que me dá todos os dias.

Obrigada por tudo!

(ROSANA BISPO)

Entre as muitas qualidades que nós, seres humanos, temos, destaco a capacidade de planejar ações. Quando temos uma situação a ser resolvida, temos o conhecimento necessário para uma reorganização e, então, solução de qualquer dificuldade. Isso é nobre quando temos a sabedoria de perceber e admitir que determinada atitude não foi acertada e nos permitimos uma modificação. Refazer o caminho significa reconhecer que nós erramos, que somos falhos, mas que independentemente disso e sobretudo por conta dessa condição humana, Deus já nos escolheu por sermos assim.

Vivemos em meio a escolhas. Nem sempre fazemos as escolhas corretas, mas mesmo assim podemos contar com o perdão de Deus. Ele é o nosso Pai e não nos abandona. Nossas vivências devem gerar em nós o entendimento reto de que precisamos de Deus, porque Ele é referência e luz para nós. Somos "obras de arte" para o Criador. Precisamos nos dar conta disso para nos darmos o devido valor. Nossa raridade nos individualiza, torna-nos distintos. Muitas vezes nos perguntamos por que e para que somos chamados se há tanta gente tão boa.

7.1 Quem dirige o diretor espiritual?

É sempre surpreendente o poder de Deus em nossa vida, sobretudo quando não necessariamente O notamos. Ele age em cada detalhe para que sejamos capazes de compreender que nunca estamos sozinhos. Na qualidade de sacerdote, o diretor espiritual guia corações a fim de orientar com relação à melhor escolha a ser feita. Na qualidade de ser humano, a espiritualidade é o caminho para o diretor ser dirigido. Trata-se de um diálogo permanente com Deus para a unidade, o discernimento, a sabedoria e a fé, que são ingredientes indispensáveis a essa tarefa tão peculiar que é "mostrar o caminho". Observo que a responsabilidade só aumenta à medida que somos confiados a esse papel. Não o entendo como um cargo, mas como uma condição permitida pelo próprio Espírito Santo. Nosso primeiro e eterno diretor espiritual é o próprio Cristo, que, com seus passos e sua maneira de fazer e decidir, mostra-nos de que modo podemos ser melhores como pessoas. É uma ousadia e, paradoxalmente, uma necessidade caminhar com os passos do Senhor e, de todas as formas, entender que, como batizados, também somos responsáveis pelo anúncio da Boa-nova. Não são somente os religiosos, o padre, os que fizeram seus votos diante da Igreja que são dirigidos pelas ações do Espírito Santo, pelo próprio Deus, mas cada um de nós, porque é a Ele que devemos seguir, sãos Seus passos que somos convidados a também imitar. O cuidar do outro passa pela experiência da espera, da paciência, da fé que nos sustenta, da força quando precisamos ser fortes, da coragem em dar o passo em direção àquilo que devemos priorizar.

7.2 Vidas transformadas: a recompensa de quem dirige espiritualmente

Temos a capacidade de acreditar nas mudanças e, quando nos damos conta do potencial que temos, passamos a enxergá-las. Existe um fenômeno que expressa com qualidade toda essa condição que é exclusividade de todos nós, filhos e filhas de Deus: a resiliência!

O que é resiliência? Um termo que nasceu da Física e que nos cabe perfeitamente para essa metáfora que esbarra em nossos medos, anseios e dúvidas. Seu significado refere-se à capacidade que temos de nos adaptar às mudanças e às realidades a que somos sujeitos constantemente. Diante de uma fatalidade, da morte de alguém querido, por exemplo, num tempo em que não necessariamente dominamos, somos convidados a deixar que o tempo de Deus aja em nossa vida de modo que possamos aprender a lidar com a falta daquele que se foi, uma adaptação que, com esse tempo, faça-nos acomodar melhor a ideia da perda e de uma nova maneira de viver diante disso.

Essa capacidade de adaptação também é observada quando nos propomos a um novo desafio: quando, diante de metas, estabelecemos objetivos, nós nos reorganizamos para, de qualquer forma, alcançá-los. Trata-se de sair do nosso porto seguro e nos lançarmos para "terrenos" desconhecidos (Abraão). Isso nos faz crescer, faz-nos ver a vida com outros olhos, acreditar mais em nós mesmos. Muitas vezes a insegurança nos impede de ir adiante e nos faz estagnar. Quando isso acontece, precisamos urgentemente rever nossa história.

Dentro dessa perspectiva, tenho de buscar meios para ser o primeiro a acreditar em mim em meio a tantas situações que conheço e de que participo através da Direção Espiritual, sobretudo como processo de cura, de libertação.

Não há idade para vivermos esse drama, e isso não é o mais importante, mas, de fato, nos importa corrigi-lo, reinterpretá-lo. Muitas vezes, precisamos que alguém nos descubra em nós, de alguém que nos enxergue de maneira que nós, sozinhos, não somos mais capazes.

Testemunho

Eu me chamo Roberta, tenho 19 anos e sou estudante de Serviço Social.

Faço Direção Espiritual com o padre Gean há aproximadamente um ano e vou contar um pouco da minha experiência durante esse período.

A Direção Espiritual fez, e continua fazendo, maravilhas em minha vida, pois através dela estou conseguindo fazer desabrochar minha espiritualidade. Considero que tenho a parte espiritual comparada a um botão de rosa que, para desabrochar, necessita de água e luz solar. Assim também ocorre comigo. Preciso exercitar minha fé, minha espiritualidade para descobrir e desenvolver novos dons.

Defino a Direção Espiritual como um período de reflexão pessoal, pois durante esse período relatei situações de minha vida que precisavam ser direcionadas e, a partir desses relatos, consegui observar as situações com maior clareza. Não conseguiria sem o auxílio do meu diretor espiritual, que fez seus apontamentos sobre meus erros e meus acertos baseando-se numa profunda espiritualidade. Isso fez com que eu pudesse destacar minhas potencialidades como ser humano, isso me fez entender que sou capaz de sonhar e realizar sonhos com o intuito de me aproximar mais de Deus.

Peço à Virgem Maria que o cubra com seu manto, e a Deus que abençoe e fortifique esse dom do meu diretor espiritual e que ele continue direcionando as pessoas para que, como eu, desabrochem em sua espiritualidade e encontrem sua felicidade.

(ROBERTA)

É incrível como Deus não nos escolhe pelos nossos motivos aparentes, mas pelos propósitos do nosso coração. Essa é a graça que nos habita e que nos propõe a conversão. Quando nos permitimos a queda, estamos sujeitos a ela. Nós nos perdemos em nossas misérias e em nossas angústias, mas esse detalhe não merece importância maior.

A experiência da Direção Espiritual, que não tem necessariamente uma "data de validade", revela-nos a nós mesmos, principalmente sob a óptica de nos percebermos importantes. Além disso, nos revela, incondicionalmente, a preferência de Cristo por nós, não por nossos dons — esses são gratuidade de Deus —, mas pelas nossas dificuldades, até porque o que Ele espera de nós é única e simplesmente o manifesto de que precisamos de ajuda, de proteção, força e sabedoria — e tudo isso vem de Deus, portanto, não podemos viver sem Sua presença.

Irmãos e Irmãs,

saudai-vos em Cristo Jesus
com um gostoso abraço da paz!

8. Direção Espiritual
como instrumento de Deus na reconstrução do ser humano

Nunca podemos nos esquecer de que a vida é o maior dos dons que Deus nos deu, e esse presente depende exclusivamente de nós para ser mantido, aproveitado e testemunhado da melhor maneira possível. Qual é o processo de libertação que Deus está esperando de mim? Qual é a resposta humana que Deus espera de mim? Não há nenhuma ação cristã que seja por acaso. Um cristão consciente age com intencionalidade, sobretudo, porque nosso diferencial está nos ensinamentos que nos guiam.

Deus no comando nos permite atravessar vários rios e mares, todas as dificuldades ou experiências que vão além da nossa inteligência acadêmica. O principal e o necessário para o cumprimento da nossa missão já nos é dado a partir do nosso batismo, a partir da formalização da nossa fé, que nos habilita a uma nova fase – sem, claro, desconsiderar que depende de mim, de você, de nós.

Muitas são as personalidades que, de várias formas, já disseram ao mundo que a principal mudança, a mudança que queremos para o mundo, deve começar dentro de nós, através de nossas atitudes, nossos gestos, nossa maneira de perceber, sem pressa, tudo à nossa volta. Não podemos exigir do outro aquilo que não conseguimos oferecer.

As situações que atravessam nossa vida fogem do controle, da expectativa quando, principalmente, não conseguimos enfatizar momentos de alegria nem evitar os momentos de tristeza. Temos a nossa cruz e não podemos evitá-la. Temos nossos planos, nossas metas, nossos desafios particulares e dificuldades que nos inundam, e é dentro do universo simultâneo de acontecimentos que, muitas vezes, pela nossa descrença, fraquejamos, caímos, nos machucamos, esmorecemos diante da mesma vida que, gratuitamente, nos foi dada por Deus. Entretanto, esse está longe de ser o final. É nos momentos adversos que mais notamos, sentimos e vivemos nossa experiência com Deus. O próximo relato nos reserva apreciações valiosas sobre como Deus, com a nossa licença, entra em nossa vida para realizar as maiores transformações. Aos poucos, Deus vai agindo e, em sua mansidão, vai aliviando-nos a dor, substituindo a tristeza por sorrisos e, o mais importante, preparando-nos para lidar com dificuldades futuras. Vamos mergulhar em meio aos desabafos e tirar desta experiência lições importantes para a nossa direção.

Testemunho de Direção Espiritual

Vou começar falando que eu estava muito mal. Mais do que podia imaginar. Pelos acontecimentos que eu vinha passando, com certeza, eu nem tinha ideia do estado da minha vida, pois, por causa de tantos fatos que a cada dia só me deixavam pior, vivia para tudo e todos, menos para mim. Eu não tinha olhos para mais nada, só era aquela situação horrível que eu vivia noite e dia e esquecendo-me de mim. Venho de um casamento de 34 anos, do qual hoje tenho algumas histórias que deixaram marcas profundas em minha vida.

Foi aí que aceitei fazer a Direção Espiritual com o padre Gean.

Fiz um casamento com uma pessoa com a qual, a princípio, tudo ia caminhando bem. Vieram o primeiro e o segundo filhos! Foi aí que tudo foi mudando. As coisas estavam muito bem, mas os problemas começaram a surgir porque meu esposo começou a beber. E com a bebida veio à tona que ele era muito doente. Eu não sabia. Seus pais não haviam me contado nada antes do casamento. Logo vieram todos os tipos de problemas: doença mental, epilepsia. O pior foi que, depois de ter ouvido o médico falar que ele, meu esposo, precisaria tomar medicamento por muito tempo, talvez para sempre, o meu marido não aceitou fazer o tratamento.

Eu lutava por ele, aconselhei que era para o bem dele, mas nada adiantou. Foi aí que tudo foi se revelando cada vez pior. As crianças cresciam nesse ambiente e eu, como esposa e mãe, entrava em desespero, pedindo a Deus que meu marido parasse com a bebida e aceitasse o tratamento. Foram muitos anos de luta e eu permanecia sempre com fé em Deus de que tudo poderia ser mudado. Mas, quanto mais eu me desesperava, parecia pior. Ia às missas aos domingos e só pedia a Deus por esse homem com quem eu tinha me casado e com o qual tinha dois filhos. Como pai, ele não dava muita atenção aos filhos, e isso me machucava, fazia-me sofrer muito. Minha fé era grande e eu acreditava que Deus me mostraria o caminho certo. Foram anos e anos, e nada. Só via as coisas acontecerem. A cada dia que se passava, eu lutava mais pelo meu casamento. Com dez anos de casada, sofri um grave acidente de carro. Foi quando perdi tudo. Minha vida financeira ficou a zero e, enquanto eu me recuperava desse acidente, vi que o sofrimento seria ainda maior. Só pedia a Deus que não me abandonasse nem aos meus filhos. A situação do pai era cada vez mais complicada. Chorava pelos cantos em silêncio. Não sei de onde nem como arrumei forças para me manter de pé. Comecei a mudar meu interior, que se encontrava totalmente destruído, esquecido dentro de mim. Eu vivia só em função de outra pessoa, à qual me dediquei por muitos anos, e, não tendo bons resultados, eu fui me fechando dentro de mim. Isso foi horrível, causando feridas que chegaram ao limite.

Na Direção Espiritual, com o padre Gean, fui me libertando e comecei a dar valor às pequenas coisas que, no dia a dia, foram me fazendo mais feliz. Sempre fui orientada que eu tinha muito mais a valorizar e tudo fez muita diferença quando me dei conta de que ainda estava viva. Comecei a me valorizar, a gostar mais de mim. Eu me perguntava por que esperei tanto para perceber o muito que a vida tinha para me oferecer. Quanta coisa ruim eu tinha e mantinha dentro do meu interior, que não me levaria a nenhuma solução. Estava vivendo a sina do "Deixa a vida me levar"! Foi na Direção Espiritual que acordei para valorizar tudo o que eu tinha: família, amigos, trabalho, casa, entre outras coisas. Tinha me esquecido de mim mesma. Eu me achava um lixo. Levei algumas "voadoras" e precisei fazer algumas tarefas, era minha lição de casa.

Hoje, agradeço ao meu diretor espiritual, padre Gean, pela vida nova devolvida com dignidade. Obrigado primeiro a Deus, por ter colocado no meu caminho a Direção Espiritual, à qual eu sou muito agradecida.

(IDALINA C. NOVA)

Muitas vezes não nos damos conta do mundo que está à nossa volta. Das maneiras como Deus se manifesta. Das pessoas que Ele coloca em nosso caminho, na nossa direção, para nos oferecer acalanto, ajuda, proteção, paz.

Em nossas "antíteses", vivemos um paradoxo que nos coloca em conflito com nós mesmos. Esquecemos de tudo e de todos e, na busca incansável de uma luz, nós nos descobrimos contemplados pela ação do Espírito Santo, que nos oferece alívio, conforta-nos e nos dá as forças necessárias para prosseguir. Nem sempre percebemos concretamente tudo isso, mas apenas através dos sinais, das pistas que Deus nos deixa.

Não há vitória sem luta. E, na luta, nossa maior "arma" é a oração. Precisamos ter cuidado ao conversar com Deus, porque ele sempre nos escuta. Assim, cabe-nos o diferencial de nos preparar para esse diálogo, que acontece a todo momento, a cada circunstância em que choramos ou em que nos manifestamos com um sorriso; a cada nova decisão e a cada passo tomados. O diálogo sincero com Deus é uma maneira de oração. Meu silêncio dirigido é também uma maneira de rezar. Na Direção Espiritual, o grande esclarecimento necessário é, justamente, a sinceridade em levar ao Pai os anseios que me cercam e as angústias que me rodeiam. Deus nos conhece bem, e nós também precisamos conhecê-lo distintamente.

Precisamos reconhecer quem somos. Precisamos enxergar aquilo que ainda não vimos e, mais do que isso, entender qual o chamado que Deus tem para nós através de todo esse inigualável e complexo contexto, nesse precioso dom e nosso maior argumento para testemunhar nossa fé: a nossa vida. Motivos para recomeçar temos sobrando. Há muito mais o que comemorar do que o que lamentar.

8.1 O que a Direção Espiritual pode fazer por mim?

A Direção Espiritual é a Palavra dita no momento correto, para a situação correta. Nessa exata circunstância, a Palavra tem um poder extraordinário. É justamente nessa ocasião que as orientações e todos os seus efeitos ganham repercussão, ganham notoriedade prática na vida do próprio dirigido. É necessário que haja uma harmonia entre o conselho dado e os sentimentos de aceitação de quem vai receber essa ideia de ajuda, essa "utopia" que é ser feliz a partir de pequenos e concretos passos dentro de uma rotina que não precisa ser pacata, mas pode ser revolucionada pelo simples fato de recomeçar! Essa mesma palavra tem o ímpeto de nos despertar a compreensão para o sentido da nossa vida, rever o que estamos fazendo dela e com ela. Às vezes nos expomos demais. Cometemos o erro de tornar nossa vida mais complexa do que já é. Com tantas facilidades que hoje temos, humanamente falando, tantas opções e em meio a tantos excessos, corremos o risco de priorizar as coisas erradas. Entre o que eu quero e o que eu de fato preciso existe uma distância muito grande. Não podemos deixar que "nossas agendas" sejam uma prisão que nos afasta de Deus. Nossa urgência maior tem de ser amar, viver, ser a espera e a chegada necessárias para aquele dado momento. Deus não desiste de nós. O amor nos acompanha. Nossa vida é preciosa demais para não lhe darmos o devido valor.

A Direção Espiritual pode fazer muitas e maravilhosas coisas na nossa vida ou simples e absolutamente nada. Na verdade, a primeira pergunta a ser feita deve ser: estou disposto a me resgatar de mim mesmo a partir dos ensinamentos e dos direcionamentos que me serão dados por meio da Direção Espiritual?

Refazendo a pergunta, podemos nos indagar: o que a presença de Deus na nossa vida, através da Direção Espiritual, pode fazer por nós? Com certeza os sentidos da pergunta se fizeram mais presentes. Minha maturidade na fé me renova e me favorece quanto a compreensões futuras e necessárias.

Quando me permito ser dirigido, eu me alimento da necessidade de estar na presença de Deus em todos os meus momentos, em todas as minhas atribuições. Precisamos sentir essa necessidade de praxe, usá-la como dispositivo para aproximar-nos de tudo aquilo que nos faz melhor. Quando estamos na presença de Deus, temos e adquirimos responsabilidades próprias. Não temos mais o direito de cometer certos erros e devemos, cada vez mais, exigir que, a partir da nossa conduta, possamos ser no mundo as mudanças que tanto queremos, esperamos e de que precisamos.

Precisamos administrar nossos medos. Como a falta de confiança, por exemplo, nos planos da Salvação. Se a minha escolha é a de uma vida nova, é fato que terei de abrir mão de muitas coisas e me sujeitar a muitas realidades desconhecidas. O medo de se "aventurar" nesse novo universo não deve ficar no caminho das possibilidades de uma transformação radical que somos convidados a experimentar. Nossa fé e nossa religião não devem ser um fardo de obrigações, mas um conjunto de certezas. Não posso me ocupar de sonhos que não podem ser realizados, isso gera, em longo prazo, frustações, e delas decorrem sequelas. Devemos priorizar nossos "estoques" e guardar somente esperanças novas, sonhos novos, expectativas renovadas, não com as minhas promessas, mas com as promessas de Deus, do nosso Pai.

Nos contrários que fazem parte das nossas realidades, vivemos algumas experiências que nos surpreendem justamente por termos decidido "arriscar" um caminho novo na expectativa de uma experiência renovada e transformadora. Deus não pode ser na minha vida uma possibilidade, mas, sim, o resumo das certezas de que eu preciso para seguir adiante. Não é fácil acreditar em algo subjetivo, e, por vezes, essa é a nossa maior dificuldade. Por isso, também, relutamos tanto ao chamado de Deus. Um erro? Talvez. Prefiro entender que se trata de uma aprendizagem indispensável para a profissão da nossa fé.

8.2 Quem sou eu para mim mesmo?

Um pecador? Um sonhador? Alguém que pensa num futuro melhor e tem planos para que isso aconteça? Sou tudo e sou nada? Vivemos um paradoxo de ideais e de pensamentos que nos tornam muitas vezes estranhos para nós mesmos.

Muitos dos nossos questionamentos não fazem diferença quando pensamos que nosso maior objetivo não tem um fim ideológico, mas, sim, prático, mesmo considerando que, no campo dos pensamentos, damos o primeiro passo para o que pretendemos fazer. Dessa forma, precisamos nos reorganizar quanto a confortar nossas intenções, nossas expectativas, nossas vontades, mas principalmente nossa obediência. Cada um de nós tem uma história, e isso tem um valor imensurável. Nossa necessidade de estar bem, na verdade, é uma meta pessoal, e, por conseguinte, estar bem é uma das muitas maneiras que nós temos de mostrar que somos gratos a Ele por todos os presentes que ganhamos constantemente. Minha vida não é mais fácil que a dos que me cercam. Não posso responsabilizar o outro pela minha (in)felicidade, por exemplo. Devo tirar essa obrigação dos ombros dos meus e deixá-los livres para que também busquem se realizar. Deus deve ser uma escolha genuína, e não falta de opção. Deus precisa ser nossa prioridade, não o nosso refúgio nas dores e lágrimas. Devemos administrar situações que, às vezes, não são necessariamente nossas, mas de pessoas muito próximas e queridas. Nossa realização não significa a ausência de problemas, mas a certeza de que superaremos qualquer dificuldade, porque jamais estaremos sozinhos. Nosso olhar diante das mesmas coisas deve mudar de acordo com nosso amadurecimento, mudar o que somos, viver as alterações que nos são naturais. Trata-se de uma constante: mudanças! Quanto mais conhecemos sobre Deus, com certeza, mais próximos dEle desejaremos estar, sobretudo tratando-se de uma busca que, muitas vezes inconscientemente, toma-nos por toda uma vida. Sabemos o que queremos, o que precisamos é identificar quais são os caminhos para encontrar o que buscamos. Muitas dessas buscas também acontecem na singeleza de cada dia, de cada oportunidade que temos de repetir os passos de Jesus.

8.3 O maior segredo é focar os dons que Deus me deu!

Quando me reconheço e já estou certo de que tudo o que sou e tenho devo à gratuidade de Deus, fica mais fácil entender por que tudo em minha vida acontece num tempo certo, num momento propício — mesmo que apenas como possibilidades e, muitas vezes, não tendo ao certo o entendimento das manifestações de Deus.

Os dons de Deus se resumem em mergulhar em Seus mistérios. A partir do momento em que eu sou apenas "cuidado" por alguém, não terei condições de examinar as responsabilidades e a importância do cuidador. Esse é Deus para nós, um cuidador! Só cuida quem ama, assim, podemos concluir que Deus nos ama e, por isso, preocupa-se conosco, quer nosso bem e não nos abandona. Precisamos respeitar nossos limites.

Submeter-se à experiência do Deus cuidador é identificar que Ele me ajuda o tempo todo a lidar com esses limites, meus e dos outros, e assegurar que o nosso coração esteja focado para entender nosso amor por Deus e o amor dEle por nós.

Uma vez que me proponho a amar, eu me proponho a deixar que esse mesmo amor tome conta de mim e, necessariamente, que ele me alimente no amor-próprio. O amor de Deus é infinito e insubstituível, mas, ao semear esse amor, preciso me amar primeiro. Não posso doar o que não tenho ou não vivo, portanto, esse amor precisa também transbordar em mim.

Deus nos ama mesmo quando estamos na miséria, porque Jesus nos ensinou que Seu Pai deixaria 99 ovelhas para trás para buscar por aquela que se perdeu. Em se tratando de uma metáfora, não seria lógico pensar nessa troca, mas os propósitos de interpretação referem-se à importância dessa ovelha perdida — muitas vezes, nós —, que tem o mesmo valor que o restante do rebanho. Não é com a lógica humana que devemos interpretar os feitos de Cristo. Contudo, para lidar com minhas misérias e meus limites, é incondicional que eu entenda que, por não desistir de mim, Deus já me escolheu.

É nesse processo transformador que somos convidados a viver a reconciliação: primeiro, com nós mesmos; depois, com os outros, porque Deus nos observa e nos quer renovados para a árdua tarefa de evangelizar. Tudo ao nosso redor é dom de Deus, a vida que se manifesta à nossa volta, todas e quaisquer manifestações. A ação de Deus não passa pelo nosso merecimento, portanto é gratuidade dEle. Nós não nascemos porque pedimos, mas por ser nosso maior presente. Devemos viver da maneira mais "divina" possível, porque o pecado continua sendo uma possibilidade. Deus nos prepara, mas a responsabilidade de administrar nossas tentações é nossa. Deus nos dá, por exemplo, através da Direção Espiritual, o discernimento de que um sentimento negativo não é saudável, mas somos nós que devemos agir para testemunhar essa tarefa de fazer as coisas de um jeito correto. A graça alcançada não é definitiva, mas precisa ser constantemente "administrada", "renovada". Usando um exemplo simples: nossa saúde. Diante de alguma patologia, nós nos sujeitamos a constantes tratamentos e medicações até alcançar o estado de melhora, mas essa melhora não é permanente, precisa ser mantida, precisa ser constantemente observada. Se nos descuidarmos, podemos adoecer novamente. Assim é a nossa experiência de fé. Não podemos esmorecer e devemos estar sempre em estado de alerta, vigília. O estado de graça deve ser mantido e preservado, e isso requer de nós disposição, atenção, cuidados.

O Senhor esteja convosco!
Ele está no meio de nós!
Abençoe-vos, Deus todo-poderoso,
Pai e Filho e Espírito Santo.
Amém!
Ide em paz, e que o Senhor vos
acompanhe hoje e sempre.

Graças a Deus!

"Aplauda Jesus!"
"Uhuuu..."

Publisher
KAÍKE NANNE

Editora executiva
CAROLINA CHAGAS

Coordenação geral PETRA
MARISTELA CIARROCCHI

Coordenação de produção
THALITA ARAGÃO RAMALHO

Produção editorial
ISIS BATISTA PINTO

Preparação de originais
VERO VERBO SERVIÇOS
DE EDITORAÇÃO LTDA.

Revisão
DANIEL SIQUEIRA
SAMUEL GONÇALVES

Diagramação
TYPOSTUDIO

Este livro foi impresso no Rio de Janeiro, em 2015,
pela Edigráfica para a Petra.
O papel do miolo é avena 80g/m², e o da capa é cartão 250g/m².